Hyvä ero

Kari Kiianmaa

Hyvä ero

Uusi elämä

SAGA Egmont

Hyvä ero: Uusi elämä

Cover image: Shutterstock

ISBN: 9788727141114

1. POD edition

www.sagaegmont.com
Saga is a subsidiary of Egmont. Egmont is Denmark's largest media company and fully owned by the Egmont Foundation, which donates almost 13.4 million euros annually to children in difficult circumstances.

Saatteeksi

Vuonna 2007 Suomessa päättyi avioeroon 13 224 avioliittoa (Tilastokeskus). Sen lisäksi vielä useampi avoliitto koki saman kohtalon. Monet erot eivät koskettaneet vain aikuisia vaan myös hajonneiden perheiden lapsia. Ero vaikuttaa vuosittain kymmenientuhansien suomalaisten elämään ja samalla yhteiskuntamme toimintaan hyvin pitkäaikaisesti. Avioero ei ole ajallisesti tarkkaan määriteltävä tapahtuma vaan pitkä prosessi, joka on alkanut useimmiten jo paljon ennen virallista eroa. Parisuhteen päättyminen kestää siten useita vuosia.

Eroon liittyy paljon tuskaa ja voimakkaita tunteita. Varsinkin erossa hylätyt kokevat eron elämää järisyttävänä kokemuksena ja suurena pettymyksenä. Jättäjä taas toivoo saavansa eron avulla uuden, tyydyttävämmän elämän. Suomalainen eroamisen kulttuuri ei vielä tällä hetkellä tue kovin hyvin kumpaakaan osapuolta eikä erossa perheen hajoamisen kokevia lapsia. Erosta jää monille parantumaton ”rakkaushaava”, jonka kanssa he joutuvat elämään ehkä lopun elämänsä. Edes eroa itse aktiivisesti ajanut jättäjä ei välttämättä pysty kääntämään eroa voitokseen vaan jatkaa seuraavassa suhteessa entisen käsikirjoituksen mukaan toistaen itseään. Niin ei kuitenkaan tarvitse käydä. Ero voi olla hyvä tai huono. Tässä teoksessa annetaan välineitä ja pohdittavaa eroaville tai eroa harkitseville, jotta heidän toimintansa ja ratkaisunsa voisivat olla mahdollisimman rakentavia ja ero mahdollisimman hyvä.

Hyvä ero on ero, jossa sekä jättäjä että jätetty ja heidän lapsensa saavat mahdollisuuden käydä läpi erokriisinsä ja oppia siitä. Erokriisi on suuri mahdollisuus tutustua paremmin itseensä ja oppia ihmissuhdetaitoja tulevaa elämää varten. Onnistuneen eron avulla ihminen saavuttaa muutamassa vuodessa entistä paljon paremman itsetunnon ja vapauden vaikuttaa elämäänsä. Tavattuani työssäni tuhansia eronneita ihmisiä tiedän hyvän eron olevan mahdollinen. Tiedän myös, että ero ei ole aina oikea ratkaisu elämän muuttamiseksi paremmaksi. Kirjassani kerron suomalaisten esimerkkien avulla erosta sekä miesten että naisten kannalta. Olen kiinnittänyt myös paljon huomiota lasten tukemiseen erossa. Lapsia ei saa jättää yksin. Lapsetkin selviytyvät, jos heidän vanhempansa selviytyvät.

Kari Kiianmaa
psykologi

Osa 1

Erosta eheäksi

Luku 1

Parisuhteen päättäminen – Toive paremmasta elämästä

> Sanoin Tiinalle, että en rakasta häntä enää ja että haluan paremman elämän.
>
> *Teemu*

> Toivoin pitkään, että löydämme toisemme uudelleen ja alan taas saada läheisyyttä. Nyt se on jo liian myöhäistä.
>
> *Minna*

HALUAN OLLA ONNELLINEN

Onnellisuuden tavoittelu on aikanamme ehkä korostuneempaa kuin koskaan aikaisemmin. Useimmat haluavat kokea onnea, ja sitä pidetään usein myös oikeutena: ”Minulla on oikeus olla onnellinen”. Yksilön onnellisuuden ja hyvinvoinnin ajatukset kuuluvat länsimaiseen kulttuuriin. Saamme tiedotusvälineistä runsain mitoin vaikutteita elämäämme. Viihdeteollisuus elää romantiikan ja onnen etsinnän kustannuksella ja samalla se tarjoaa meille erilaisia aikaamme sopivia tapoja tulla onnelliseksi. Sarjafilmien kiiltokuvamaiset, onnelliset ihmiset liittävät onnellisuuteen kauneutta, taloudellista hyvinvointia, kuluttamista, nuoruutta, seksiä ja rakastumista. Tuo kuva on varsin erilainen kuin se kuva, jota suomalainen kulttuuri on perinteisesti meille tarjonnut. Meille on opetettu, että raha ei tee onnelliseksi ja että on hyvä olla vähään tyytyväinen. Ihminen on onnellinen, kun hän ei omista paljon tavaraa. Parisuhteen onni taas on aiemmin nähty pitkänä, koko elämän kestävänä liittona. Nyt meille tarjotaan parisuhteeseenkin extreme-kokemuksia. Arkipäivän onni pienine onnen hetkineen ei riitä – pitää saada olla *huippuonnellinen*.

Olisi väärin väittää, että kaikki ovat omaksuneet viihdemaailman käsitykset hyvästä tai onnellisesta elämästä. Tarjolla on myös monia aatteita, jotka kyseenalaistavat kaupallisen, kuluttamiseen perustuvan käsityksen onnellisuudesta. Henkisten arvojen ja syvällisen ajattelun kuva onnellisuudesta haluaa nähdä onnen iättömänä, pieniin perusasioihin pohjautuvana elämänä. Ihminen voi siis sittenkin olla onnellinen, vaikka ei osallistu kulutusjuhliin. Ainakin osa ihmisistä voi.

Onni liitetään lähes aina myös parisuhteeseen. Kukapa ei haluaisi parisuhdetta, jossa voi kokea olevansa tyytyväinen ja onnellinen. Tarjolla on monia reseptejä tyydyttävään suhteeseen parisuhdepsykologien ”toimiva suhde” -luetteloista yltiöromanttisiin vinkkeihin suhteen rikastuttamiseksi. Onnellisen suhteen tavoittelu on myös ”oikean” kumppanin hakemista. Sopivan puolison löytäminen on monelle osa tyydyttävää elämää. Kumppanin kanssa halutaan kokea suuria tunteita, rakastumista, iloa ja ystävyyttä. Hänen halutaan tyydyttävän lähes kaikki emotionaaliset tarpeet.

Asiantuntijat varoittelevat ihannekumppanin hakemisesta, koska liian suuret odotukset pilaavat suhteen ja tuovat helposti pettymyksiä. Viisaat neuvot oikean kumppanin valinnassa eivät näytä kuitenkaan auttavan edes parisuhdeasiantuntijoita. Omaa onnea ei sidotakaan enää avioliittoon ja suhteeseen sitoutumiseen vaan omiin tunteisiin. Aikamme postmoderni ihminen haluaa olla uskollinen tunteilleen eikä puolisolleen. Käytännössä tämä merkitsee lisääntyvää kumppaneiden vaihtumista. Kestävän onnen avaimet tuntuvat olevan pahasti hukassa.

PARISUHTEEN TARINA

Ihastuminen ja rakastuminen näyttävät olevan lähes välttämätön osa nykyaikaista parisuhdetta ja avioliittoa. Kysyessäni asiakkailtani, miksi he menivät naimisiin, moni vastaa: "Rakastuimme." Rakastumista pidetään hyvänä syynä muuttaa yhteen ja aloittaa uusi elämä. Avioliiton perusteena rakastumisen tunne on kuitenkin pakko kyseenalaistaa. On nähtävissä, että se voi olla joillekin pareille myös ansa. Jotkut naiset kyselevät muutaman avioliittovuoden jälkeen naistenlehtien psykologeilta: "Miksi rakastun aina vääriin miehiin?" Rakastuminen on voimakas tunnetila, joka vaikuttaa ajatteluun sulkemalla pois järjen äänen. Moni tekee elämänsä suurimmat päätökset leijuessaan pilvilinnoissa. Elämä näyttää toisenlaiselta, kun rakastuminen on loppunut. Rakastuminen ei tuokaan aina suhteeseen rakkautta.

Laura tapasi Heikin asuinalueellaan olevassa baarissa. Se oli rakkautta ensi silmäyksellä. Heikin nallekarhumainen olemus oli Lauralle täysin vastustamaton, ja hän halusi ehdottomasti solmia suhteen Heikkiin. Niin tapahtuikin. Heikki ei vastustellut vaan otti vastaan kaiken hyvän, minkä Laura hänelle antoi. Häntä kiehtoi Lauran huolehtivan naisellinen asenne. Muutaman kuukauden kuluttua he jo asuivat yhdessä. Arki ei kuitenkaan ollut ihan sitä, mitä Laura oli odottanut. Heikki viihtyi edelleen baarissa eikä ottanut vastuuta yhteisestä kodista. Vähitellen Heikin vastuuttomuus ja alkoholin käyttö alkoivat ärsyttää Lauraa, ja hän alkoi arvostella Heikkiä. Heikki pakeni aina pubiin ja tuli kotiin yömyöhällä melkoisessa tuiskeessa. Heikki ei osannut ottaa vastuuta mistään. Hän tarvitsi naista huolehtimaan itsestään.

Petri tutustui työpaikallaan Annaan, joka herätti hänessä voimakkaita tunteita. Anna oli nainen, joka tarjosi hänelle sopivan vastuksen ja houkutteli häntä myös seksuaalisesti. Ongelmana oli se, että Anna oli naimisissa toisen miehen kanssa. Petrille se ei kuitenkaan ollut este vaan hidaste. Hän sai houkuteltua Annan suhteeseen ja myöhemmin eroamaan avioliitostaan. Kolmen kuukauden yhdessä asumisen jälkeen Petri alkoi tulla mustasukkaiseksi. Hän alkoi vahtia Annaa ja rajoittaa tämän menoja. Kaiken huippu oli, kun hän kävi mustasukkaisuuden puuskassa Annan kimppuun. Petri oli ihmeissään oman käyttäytymisensä vuoksi. Anna taas koki joutuneensa ansaan. Hän halusi takaisin entisen miehensä luokse, mutta tämä ei ollut enää halukas yhteiselämään.

Rakastuminen ei näytä olevan läheskään aina hyvän parisuhteen tae. Rakastumisen huuma muuttuu ennen pitkää arjeksi monine arjen murheineen. En halua kuitenkaan vähätellä rakastumisen tunnetta ja siitä suhteeseen kumpuavaa voimaa. Huonoinakin aikoina ihmiset muistavat rakastumisensa ja saavat siitä toivoa panostaa suhteeseen. Rakastumisen tunnetta voidaan tarkastella paitsi mystisenä tunnekuohuna myös tiedon lähteenä.

Rakastumisen syiden selvittäminen antaa tietoa suhteen osapuolista ja siitä, mitä he elämässään etsivät. Rakastumiseen liittyy nimittäin tunne vajaasta elämästä. Toinen ihminen antaa toivoa siitä, että elämä täydentyy hänen kauttaan. Rakastuneen toiveet ovat usein ylimitoitettuja, mikä johtaa myöhemmin pettymyksiin. Toinen ihminen ei tuonutkaan pysyvää onnea.

Rakastumisen tunnetta on turha yrittää pitkittää. Sillä on oma aikansa. Rakastuneiden parisuhteeseen kuuluvaa avoimuutta on silti hyvä jatkaa suhteen jatkuessa. Avoimuus lieneekin rakastumissuhteen paras ominaisuus. Se tuo ihmiset toistensa lähelle ja mahdollistaa voimakkaat tunteet. Rakastumisen olotila on harmoninen, eikä kumpikaan osapuoli halua yleensä pilata tunnelmaa ilmaisemalla ärtymystään tai vihaansa, joka herää ennen pitkää. Omien tunteiden peittely on kuitenkin romanttisen suhteen pahin vihollinen ja johtaa vähitellen etääntymiseen ja läheisyyden tunteen vähenemiseen. Rakastuneiden ei siis kannata varjella epätodellista onnen tunnettaan vaan pyrkiä ilmaisemaan tunteensa aidosti ja rakentavasti.

RAKKAUSSUHDE

Kulttuurissamme puhutaan rakkausavioliitosta tai rakkaussuhteesta vastakohtana järjestetylle suhteelle, jonka tavoitteena on yhteisön jatkuvuuden turvaaminen. Ihmisiä yhdistää siten rakkaus eivätkä omaisuus ja suvun toiveet. Vai yhdistääkö? Mitä rakkaus on?

Rakkaussuhde ei näytä automaattisesti merkitsevän sitä, että suhteen osapuolet rakastavat toisiaan. Jokainen on nähnyt esimerkkejä pareista, joiden suhde näyttää olevan esimerkki jostain muusta kuin rakkaudesta. Suhde voi olla hankala riippuvuussuhde tai jopa väkivaltasuhde. Itse asiassa epäilys rakkaudesta jäytää ajoittain lähes jokaisen parisuhteessa elävän mieltä. Voit epäillä kumppanisi rakkautta, mutta myös omaasi. Mielestäni on tervettä kyseenalaistaa rakkaus omassa parisuhteessaan ainakin ajoittain. Käsityksemme rakkaudesta muuttuu nimittäin elämän varrella, mikä pakottaa ajattelemaan parisuhdettakin aina uudesta näkökulmasta. Parisuhdekin vaatii päivittämistä.

Aikamme parisuhteeseen rakkaus näyttää kuuluvan erityisesti siten, että jokainen haluaa tulla suhteessaan rakastetuksi. Halu tulla hyväksytyksi tai rakastetuksi on jokaiselle ihmiselle alun perin elämän ja kuoleman kysymys. Pieni lapsi pyrkii kaikin tavoin toimimaan niin, että selviytyy elämässään eteenpäin. Hänen on sen vuoksi sopeuduttava kasvattajiensa asettamiin ehtoihin. Paitsi ravintoa, lapsi tarvitsee elääkseen ja kasvaakseen myös rakkautta. Hän ei kuitenkaan saa sitä vain olemalla oma itsensä, vaan toimimalla tavalla, joka varmistaa riittävän rakkauden. Jokainen kehittääkin jo noin kolmeen ikävuoteensa mennessä sopeutumiskeinoja, joiden avulla saa riittävästi rakkautta tai joiden avulla varjelee itseään liiallisilta loukkauksilta.

Lapsen kehittämät sopeutumiskeinot ovat vastaus aikuisten lasta kohtaan osoittamiin toiveisiin. Jokainen isä ja äiti haluaa kasvattaa lapsestaan yhteiskunnassa selviävän aikuisen. Sen vuoksi hän ohjaa lapsensa käyttäytymistä vahvistamalla käyttäytymistä, jonka arvelee lisäävän lapsensa selviytymismahdollisuuksia. Käytännössä hän toimii usein samoin kuin hänen omat vanhempansa ovat toimineet. Mikäli vanhempasi ovat korostaneet kasvatuksessaan vastuun ottamista yhteisistä asioista, teet hyvin todennäköisesti samoin omien lastesi kanssa. Mikäli vanhempasi ovat olleet täydellisyyden tavoittelijoita, olet sitä todennäköisesti itsekin ja niin ovat lapsesikin. Näin siirrämme kasvatusperintömme sukupolvesta toiseen, ellemme ala kyseenalaistaa omaa toimintaamme kasvaessamme ihmisinä. Olet siis kehittänyt itsellesi sopivat sopeutumiskeinot vuorovaikutuksessa vanhempiisi ja muihin kasvattajiin.

Kumppania valitessasi haet ihmistä, joka saa sinut tuntemaan itsesi rakastetuksi. Haet ihmistä, joka näyttää antavan sinulle mahdollisuuden toimia lapsena oppimallasi tavalla. Rakkaussuhteessa kaksi ihmistä haluaa siis jakaa jotain sellaista, joka tuotti lapsena toivottuja tuloksia ja tunteen hyväksytyksi tulemisesta. Suhteen alussa, ainakin rakastuneena, näin näyttää olevankin. Ennen pitkää joudut kuitenkin huomaamaan, että tapasi toimia ei tuokaan enää tyydytystä ja onnea. Se johtuu siitä, että olet unohtanut itsesi ja omat tarpeesi. Kasvatus yhteiskunnassamme on toiminut siten, että olet joutunut toimimaan toisten ehdoilla ja jättämään aidot tarpeesi ja halusi huomiotta.

Hyvä parisuhde edellyttää kosketusta itseen, omiin haluihin ja tarpeisiin. Parisuhde ja sen esiin tuomat ristiriidat antavat sinulle kuitenkin mahdollisuuden lisätä itsetuntemustasi ja päästä lähemmäksi omia tarpeitasi, sitä ihmistä, joka haluat olla. Samalla se antaa mahdollisuuden solmia aidompi rakkaussuhde toiseen ihmiseen. Toisaalta muuttuminen aiheuttaa myös monia kriisejä, jotka vaarantavat parisuhteen ja voivat johtaa sen päättymiseen. Silloinkin on kyse siitä, että haluat tulla aidommin rakastetuksi.

EROSTA ONNELLISEMPAAN ELÄMÄÄN

Kukapa ei haluaisi olla onnellinen? Parisuhteessasi te molemmat tai toinen teistä on alkanut kokea itsensä onnettomaksi, mikä itse asiassa on melko normaalia parisuhteen elämää. Muuttuminen ja kasvukriisit saavat jokaisen ihmisen kokemaan itsensä ajoittain onnettomaksi. Samalla muutospaineet paljastavat suhteen kehittämistarpeet. Mikäli haluatte olla riittävän onnellisia, ette voi jatkaa kuten ennen. Ratkaisuna onnellisempaan elämään nähdään usein avioero tai parisuhteen lopettaminen. Ajatus perustuu käsitykseen, jonka mukaan toinen ihminen tekee toisen onnelliseksi tai onnettomaksi. Se on kuitenkin romanttisen kulttuurimme suurimpia virhepäätelmiä. Eroaminen suhteesta ei muuta elämää onnellisemmaksi. Sen voi tehdä vain oma kasvu ja muuttuminen.

Onnettomasta liitosta on useita ulospääsyteitä. Suhteesi ei enää toimi samoin perustein kuin ennen. Se tarkoittaa, että voidaksenne jatkaa yhdessä suhteen perustukset on korjattava. Käytännössä eroatte silloin entisestä suhteestanne ja aloitatte uuden suhteen keskenänne. Näyttää siltä, että useimmat joutuvat toteamaan suhteensa epätyydyttäväksi alle 10 vuoden yhdessäolon jälkeen. Moni päättää erota kumppanistaan ja lopettaa suhteensa kokonaan. Tällöinkin on tärkeää käyttää erokriisi kasvukokemuksena uuden elämän rakentamiseksi. Tiedämme aivan varmasti, että pelkkä entisestä kumppanista eroon pääseminen ei tee elämää onnelliseksi. Sitä ei tee myöskään uusi kumppani, vaan sinä itse. Onnen löytäminen edellyttää itsetuntemuksen lisääntymistä ja uusien suhteiden solmimista erilaiselle pohjalle kuin edellisessä suhteessa. Ennen sitä sinun on ymmärrettävä, miten voit tulla rakastetuksi parisuhteessa omana itsenäsi.

Kirjani tarkoitus ei ole tuomita eronneita eikä pelotella heitä uusilla epäonnistumisilla. Pikemminkin haluan korostaa erokriisin hyviä puolia ja sen tarjoamia kasvumahdollisuuksia. On ihmisiä, jotka sanovat eron jälkeen "olen eri ihminen nyt kuin ennen eroa". Toivon, että voit liittyä tuohon joukkoon. Valitettavasti on myös ihmisiä, jotka kulkevat suhteesta toiseen ja kokevat aina epäonnistuvansa. On myös niitä, jotka ovat saaneet tarpeekseen parisuhteesta ja elävät katkeroituneina koko loppuelämänsä. Voi tietysti olla niinkin, että et ole voinut käydä läpi eroasi tuen puutteen tai lasten vaatiman hoidon takia. Et ole vielä menettänyt mahdollisuuksiasi. Eroa voi työstää niin kauan kuin henki sinussa pihisee.

Ero on hyvin tuskallinen kokemus, eikä oikotietä ylös kriisin pohjalta ole olemassa. Joudut sen vuoksi kohtaamaan monia voimakkaita tunteita kuten vihaa ja surua sekä monia pelkoja. Et selviä erosta yksin. Tarvitset tukea itsellesi ja lapsillesi, jotta erosta aukeaa uusi, parempi elämä. Varaudu siihen, että joudut työstämään eroasi useita vuosia.

ENTÄ JOS…

Kumppanisi on saattanut olla alkoholisti, kenties pahoinpidellyt sinua henkisesti tai fyysisesti, käyttäytynyt monin tavoin vastuuttomasti, ollut uskoton tai paennut perheestä omiin harrastuksiinsa tai työhönsä. Eikö silloin ole oikein, että kumppani hakee eron ja aloittaa uuden elämän? Mainitut esimerkit ovat merkkejä onnettomasta suhteesta, niitä ei pidä jättää huomiotta. Elämä on kuitenkin hyvin monimuotoista, eikä parisuhteen tai perheen asioihin ole objektiivista, puolueetonta näkökulmaa. Ihmisen käyttäytymiseen on monia erilaisia syitä, eikä kukaan voi hallita elämäänsä täydellisesti. Suhteensa alussa jokainen pyrkii hyviin päämääriin, mutta elämän varrella ote saattaa lipsua. Esimerkiksi uskottomuuteen sortuneet ihmiset kertovat yleensä olleensa melko ehdottomia pettämisen suhteen, mutta eivät ole voineet omalle käyttäytymiselleen mitään.

Ero on usein oikea vaihtoehto, kun tunnet itsesi hyväksikäytetyksi eikä asiaa voi mitenkään muuttaa. Onnettomassa suhteessa elämisestä ei saa palkintoa kestämällä sitä vuosikymmeniä. Ero on ulospääsy ja mahdollisuus parempaan. On kuitenkin tärkeä tajuta, että kumppanin "synnit ja pahuus" eivät ole ainoa syy eroon. Sinullakin on oma osuutesi suhteessa. Olet valinnut kumppanisi ja osallistunut yhteiselämään omine eväinesi. Kiinnitä huomio eron jälkeen ennen kaikkea itseesi ja omaan kasvuusi. Voit olla vihainen ja pettynyt kumppaniisi, mutta hänen soimaamisensa ei tee sinusta parempaa ihmistä.

Sinulla on paljon haasteita, jos olet itse se osapuoli, joka ei pystynyt käyttäytymään kunnolla. Elämä ei ole kovin hyvin hallussasi, ainakaan parisuhteen kannalta. Olet ehkä joutunut tilanteeseen kasvukriisin takia. On tärkeää, että pyrit kasvamaan ja kehittymään huolimatta sitä, että olet välillä eksyksissä. Hae tukea kasvaaksesi ihmisenä. Olet erityisen pulmallisessa tilanteessa, jos olet vaihtanut suhteesta toiseen. Muista, ettei uusi suhde sinänsä ole tae onnellisemmasta elämästä, vaan vasta oma kasvusi ja suurempi vastuu omasta onnellisuudestasi voi tehdä elämästäsi paremman.

Peruskoulun opettajana työskentelevä 38-vuotias Jaana tapasi miehensä Pekan ollessaan itse vasta 17-vuotias. Suhde alkoi salaa silloisen sulhasen, Pekan parhaan ystävän, selän takana. Nyt viidentoista avioliittovuoden jälkeen Jaana seurustelee toista vuotta Suomessa asuvan hollantilaisen Robin kanssa. Hän on sitä mieltä, että rinnakkaissuhde on hänelle välttämätön, koska viime vuosikymmeninä hän ei ole voinut elää itselleen. Hän on pyytänyt Pekalta lupaa seurustelulleen Robin kanssa, koska odottaa voivansa lopettaa suhteen ennen pitkää saatuaan kaiken haluamansa. Pekka on hakenut apua parisuhdeterapeutilta, joka on neuvonut häntä olemaan tiukkana ja sallimatta Jaanan uskottomuutta.

PALJON EROJA

Ero suhteesta on tilastollisesti normaalia. Suomessa tapahtuu vuosittain noin 13 000–14 000 avioeroa, mikä merkitsee 19 000 lapsen perheen hajoamista joka vuosi. Ikäluokkien pienentyessä erot eivät ole lukumääräisesti vähentyneet. Avioerojen lisäksi maassamme tapahtuu vielä paljon enemmän avoliittojen purkaantumisia. Suomi on maailman kärkimaita erojen lukumäärässä. Tämä tarkoittaa sitä, että yhteiskunnassamme on tekijöitä, jotka stressaavat parisuhdetta erityisen paljon, tai sitä, että perheet eivät saa riittävästi tukea selviytyäkseen ehjinä vuodesta toiseen.

Työelämä on yksi suurimmista parisuhteeseen vaikuttavista tekijöistä. Siirtyminen maatalousvaltaisesta yhteiskunnasta teolliseen yhteiskuntaan ja sen myötä palkkatyöhön on antanut parisuhteellekin aivan uusia ulottuvuuksia. Maatalousyhteiskunnassa, joka Suomikin oli vielä viime vuosisadan alkupuolella, ihmiset eivät voineet seurustella tai solmia suhteita kovin vapaasti. Talolliset pyrkivät turvaamaan jatkuvuuden järjestettyjen liittojen avulla. Piiat ja rengit eivät voineet useinkaan solmia avioliittoja, koska heillä ei ollut varaa elättää perhettä. Avioliiton tarkoitus oli taata yhteisön hyvä eikä korostaa puolisoiden romanttista onnea.

Nykyään parit eivät tee työtä yhdessä, vaan pikemminkin kuluttavat yhdessä. Viikonloppuisin ei enää käydä kirkossa vaan marketissa. Parisuhteessa yhdistäväksi asiaksi on muodostunut yhä useammin tunnesuhde ja emotionaalisten tarpeiden tyydyttäminen. Se taas näyttää tekevän suhteesta haavoittuvan, koska suhteelle asetetut odotukset kasvavat liian suuriksi ja pettymys on siten taattu.

Yhtenä syynä suuriin erolukuihin on väärinkäsitys parisuhteen – tai rakkaussuhteen – olemuksesta. Moni luulee rakastumisen ja sen myötä syntyneen suhteen tuovan onnen automaattisesti. Tosiasiassa rakkaus alkaa vasta kehittyä suhteen arjessa. Suhteen lähtökohtana on halu tulla rakastetuksi, mikä ei takaa kuitenkaan aitoa rakkautta, sillä käytämme suhteen alussa lapsuuden perheestä oppimiamme tapoja saadaksemme rakkautta. Ne taas toimivat huonosti, koska ne hillitsevät yleensä kummankin osapuolen henkistä kasvua ja aiheuttavat kitkaa.

Tulevina vuosikymmeninä erojen määrässä ei ole odotettavissa muutosta parempaan. Nuorten aikuisten asettamat odotukset suhteelleen ja toisilleen ovat edelleen suuria ja jopa kasvamaan päin. Pyrkimys tyydyttävään ja onnelliseen elämään on heikentänyt sitoutumista avioliittoon kaikissa ikäluokissa. Parisuhteesta näyttää yllättävän usein tulevan este ihmisen henkilökohtaiselle onnelle.

Arttu (32 v) seurusteli vakavasti Niinan kanssa ja aikoi tämän kanssa naimisiin. Hän oli äskettäin eronnut Minnasta, jonka kanssa oli kihloissa pari vuotta. Artun ja Niinan suhdetta ei voinut kutsua intohimoiseksi rakkaussuhteeksi. Se oli pikemminkin käytännöllinen kahden ”uraohjuksen” yhteenliittymä. Avioliittoon suhde kuitenkin johti, ja häät olivat suuret ja näyttävät. Liitto kesti tasan vuoden. Arttu nimittäin tapasi ”tosirakkauden” ja erosi pikaisesti Minnasta. Nyt hän asuu yhdessä Monican kanssa, ja pari odottaa esikoistaan.

Juha (55 v) tutustui työssään Raijaan (54 v) ja ihastui. Ihastus oli molemminpuolista. Juha ja Raija asuivat samalla paikkakunnalla ja tapailivat toisiaan viikoittain. Kumpikin oli naimisissa, ja molemmilla on aikuisia lapsia. Kolmen vuoden salaisen seurustelun jälkeen Raija halusi selkeää ratkaisua suhteeseen. Hän pyysi Juhaa valitsemaan vaimonsa tai hänet. Juha valitsi Raijan, mutta ei ollut varma, oliko valinta oikea. Arki on ollut yllättävän vaikeaa, ja Raija vaikuttaa kotioloissa pikkutarkalta nipottajalta. Seksisuhde on kuitenkin aktiivinen ja tyydyttää Juhaa. Yhtenä syynä edellisen suhteen ongelmiin olikin Juhan mielestä vaimon haluttomuus.

Luku 2

Missä onni luuraa – Pienet valinnat johtavat ratkaisuun

Aloin epäillä liittoamme jo ihan alussa.
Meillä ei ollut mitään yhteistä. Ihmettelin,
mikä tuossa miehessä minua ennen
kiinnosti. En ollut onnellinen.

Mari

EROPÄÄTÖKSEN SIEMEN ITÄÄ PITKÄÄN

Yhteiskuntamme jokaiseen parisuhteeseen ja avioliittoon liittyy eron mahdollisuus. Jokaisen naapurustossa, työpaikalla tai suvussa on eronneita ihmisiä. Yhä useammalle ero on tuttu myös lapsuuden perheestä. Eron mahdollisuus tiedostetaan, vaikka sitä saatetaan myös pelätä. Parisuhteen ristiriidat tai tyytymättömyys omaan elämään johtavat lähes jokaisen pohtimaan myös eroa. ”Mitä, jos meillekin käy niin?”

Ihmisen sosiaalinen verkosto vahvistaa tai sammuttaa eroajatuksia, kun ne alkavat itää mielessä. Eropäätökseen ei tulla nopeasti eikä yksin, ellei kyse ole vihan vallassa tehdystä pikaerosta. Nykyään myös netissä käydään paljon keskustelua parisuhteesta ja siihen liittyvistä ongelmista, ja moni keskustelija hakee vahvistusta erolleen tai muulle parisuhteensa kyseenalaistavalle toiminnalle. Yleensä eroajatuksia käsitellään myös ystävyyssuhteissa, jolloin niiden esittäjä toivoo saavansa kannustavaa suhtautumista syyllisyytensä ja epävarmuutensa vähentämiseksi.

Mennessään nuorena naimisiin Heikin kanssa Marjo oli varma, että he eivät eroa koskaan. Marjon omat vanhemmat erosivat, kun hän oli vasta viisivuotias, eikä hän todellakaan muistanut sitä hyvällä. Marjo ja Heikki saivat kaksi lasta ja opiskelivat kumpikin hyviin ammatteihin. Heillä ei ollut taloudellisia huolia, ja ulkonaisesti heillä oli kaikkea, mitä perhe tarvitsee. Heikki oli kuitenkin usein ärtynyt ja poissaoleva. Hän kiukutteli Marjolle päivittäin. Marjo ihmetteli Heikin käytöstä ensin ystävilleen ja myöhemmin myös anopille. Marjo alkoi hakeutua yhä useammin omiin harrastuksiinsa ja vältteli kotona olemista samaan aikaan Heikin kanssa. He eivät keskustelleet keskenään kuin pakollisista arkeen liittyvistä asioista. Marjo alkoi ajatella, että hän ei jaksa suhdetta koko elämäänsä.

Heikin vanhempi veli erosi vaimostaan. Tämä sai aikaan suvussa mylläkän. Sukulaiset hakivat syyllistä eroon. Veljen entinen vaimo haki tukea Marjolta, koska veljen suku asettui häntä vastaan ja piti häntä syyllisenä avioeroon. Marjo alkoi nähdä oman liittonsa uudessa valossa verratessaan sitä miehensä veljen liittoon. Ongelmat Heikin veljen liitossa olivat samanlaisia kuin heilläkin, mikä murensi Marjon uskoa selviytymiseen.

Marjo ja Heikki etääntyivät toisistaan. Liittoa vaivasi puhumattomuus ja läheisyyden puute. He rakastelivat entistä harvemmin, kerran kahden kuukauden aikana. Heikki alkoi käyttää alkoholia ja viihtyä kavereidensa kanssa kapakoissa yhä useammin. Marjo huolestui ja alkoi uhkailla Heikkiä erolla, mutta sekään ei johtanut keskusteluun suhteen tilasta tai suhteen korjaamisesta. Kuin pisteenä i:n päälle Marjo ihastui työtoveriinsa. Hän kertoi ihastuksestaan Heikille, joka alkoi vaatia, että Marjo ei pidä yhteyttä toiseen mieheen. Marjo lupasi toimia kuten uskollinen aviovaimo, mutta ei kuitenkaan pystynyt siihen, koska oli korviaan myöten rakastunut ja läpeensä tyytymätön avioliittoonsa. Hän päätti panna eron vireille.

Jälkeenpäin Marjo kertoi olleensa aina epävarma avioliittonsa kestävyydestä. Hän halusi uskotella itselleen, että hänen ei tarvitse erota omasta liitostaan kuten hänen vanhempansa tekivät. Samalla hän kuitenkin toimi koko ajan kuin valmistautuen eroon. Marjo alkoi myös pohtia, miten vanhempien ero haavoitti häntä, koska eron käsikirjoitus tuntui olevan jo valmiina hänen suhteessaan.

MIKSI VALITSIT HÄNET?

Psykologinen selitys parisuhteen päättymiselle voi tuntua oudolta. Sen mukaan ihmiset eroavat samasta syytä kuin he ovat menneet yhteen. Eron syyt ovat siis olleet olemassa jo suhteen alussa. Ymmärtääksemme parin eroa meidän on siis ymmärrettävä, miksi he solmivat liittonsa. Suhteen kestävyyden kannalta on olemassa hyviä ja huonoja syitä aloittaa yhteiselämä. Nyrkkisääntönä on, että mitä enemmän haet täydennystä elämääsi kumppanisi kautta, sitä vaikeampi suhde on saada kestämään.

Heidi tuli Helsinkiin opiskelemaan sosiologiaa heti päästyään ylioppilaaksi. Hän sai opiskelija-asunnon solusta Vantaalta. Häntä vaivasi pitkä työmatka, koska hän oli tottunut kotipaikkakunnallaan lyhyisiin etäisyyksiin. Eniten häntä vaivasi kuitenkin yksinäisyys. Hän ei tuntenut Helsingissä ketään, eikä opiskelutovereihin ollut helppo tutustua. Kaikilla tuntui olevan omat kiireensä ja ystävänsä.

Heidi alkoi käydä viikonloppuisin opiskelijaravintoloissa tutustuakseen ikäisiinsä ihmisiin. Melko pian hän tutustui toiseen opintonsa aloittaneeseen nuoreen, Jukkaan. Jukkakin oli kotoisin kaukaa Helsingistä, eikä hänelläkään ollut ystäviä Helsingin seudulla. Kaksi yksinäistä ihmistä löysivät toisensa, ja kuukauden päästä Heidi muutti asumaan Jukan luokse. Yhteiselämää jatkui pari vuotta, ja Heidi alkoi suunnitella perheen perustamista. Jukka puolestaan viihtyi yhä enemmän Helsingissä ja tutustui uusiin ihmisiin. Hän ei ollut enää varma, haluaako jatkaa elämää Heidin kanssa. Heidi alkoi tuntua hänestä liian ripustautuvalta ja rajoittavalta. Jukka halusi olla vielä vapaa eikä sidottu yhteen naiseen.

Heidi ja Jukka siirtyivät melko suoraan vanhempiensa kodista yhteiseen kotiin lievittääkseen yksinäisyyttään, mikä loi suhteeseen riippuvuutta ja esti heitä kehittymästä ihmisinä. Paineet alkoivat kasvaa ja suhde käydä ahdistavaksi. Jukka halusi eron, mutta Heidi oli alkanut elää Jukan kautta ja koki sydämensä todella särkyvän, kun Jukka ilmoitti halustaan erota. Jukan ja Heidin suhde oli alusta alkaen hataralla pohjalla kuten moni muukin parisuhde. Suhteen alussa kumpikaan ei vielä seisonut omilla jaloillaan, mikä johti liialliseen riippuvuuteen ja tukahdutti suhteen.

Moni joutuu rakentamaan suhteensa hiekalle, koska ei tiedä mitään muutakaan tapaa. Meille ei opeteta koulussa eikä kotona, mitkä ovat hyviä ja kestäviä parisuhteen tai avioliiton solmimisperusteita. Moni suhde näyttää ajautuvan eroon ilman, että asialle osataan tehdä mitään. Mikäli suhteenne tuntuu olevan hataralla pohjalla, teidän on vahvistettava tai muutettava suhteen perustuksia yhdessä. Muuten seurauksena voi olla ero.

EIKÖ RAKKAUS OLE HYVÄ SYY?

Moni asiakkaani on sanonut menneensä naimisiin rakkaudesta. He ovat kertoneet, että suhteen alkuvaiheessa oli voimakkaita tunteita ja halu elää toisen kanssa elämän loppuun saakka. He ovat olleet rakastuneita suhteensa alussa, kuten niin moni muukin. Onko rakastumisella ja rakkaudella jotain tekemistä keskenään?

Rakastumisen auvoista olotilaa ja sen "jalat irti maasta" -tunnelmaa varoitetaan usein pitämästä päätöksenteon pohjana. Toisaalta sitä myös arvostetaan ja tavoitellaan merkiksi suhteen aitoudesta. Rakastuminen luo yhteenkuuluvuuden tunnetta ja antaa uskoa tulevaisuuteen. Se on voimavara, jonka muisto voi auttaa kestämään yhdessä vaikeita aikoja myöhemmin elämässä.

Parisuhde ei välttämättä perustu rakkauteen, vaan pikemminkin sen taustalla voi olla halu saada rakkautta. Se tapa, jolla yrität tulla rakastetuksi elämässäsi ja erityisesti parisuhteessasi, kertoo samalla käsityksesi rakkaudesta. Onko rakkaus sinulle tekoja tai suorituksia, joiden avulla yrität ansaita toisen rakkauden? Onko se ehkä intohimon ja läheisyyden tunteen tavoittelemista romantiikan hengessä? Vai onko se vapautta olla oma itsensä ja silti kokea itsensä hyväksytyksi? Ainakin se on asia, jonka määritteleminen muuttuu elämässäsi iän karttuessa. Suhde omaan sisimpääsi ja itsetuntemuksesi vaikuttavat suuresti siihen, miten miellät rakkauden parisuhteessasi.

Raija, viiden lapsen 40-vuotias äiti, alkoi kokea elämänsä hyvin synkäksi ja epätyydyttäväksi. Hän huomasi eläneensä koko ikänsä vain muille. Kiltistä perhetytöstä tuli jo 20-vuotiaana kiltti vaimo Jarille, joka oli tyytyväinen elämäänsä aina siihen asti, kun Raija alkoi arvostella häntä. Jari kokee Raijan kommentit usein murskaavana arvosteluna. Hänestä Raija on muuttunut itsekkääksi eikä suostu enää kaikkeen siihen, mikä on aiemmin sujunut helposti. Hän valittelee, että vaimo ei lähde hänen kanssaan edes kyläilemään ystävien luokse, koska on alkanut arvioida perhetuttujakin uudelleen. Raija on itsekin sitä mieltä, että on itsekäs, ja sanoo olevansa hukassa, koska ei voi enää elää entisen tapaan. Hän ei missään tapauksessa haluaisi erota Jarista ja toivookin tämän lähtevän yhdessä parisuhteen kehittämistalkoisiin. Jarista se on outoa, koska hänen mielestään kaikki on hyvin. Ainoa asia, jota hän haluaisi suhteessa parantaa, on seksi, jota on ihan liian harvoin.

Raija sanoo löytäneensä itsensä viime aikoina uudella tavalla. Hän ei halua elää elämäänsä pinnallisesti velvollisuuksien mukaan, vaan saada henkistä tyydytystä. Hän on alkanut tehdä asioita uudella tavalla sekä työssä että kotona. Muut eivät ole ilahtuneet hänen uudesta käyttäytymisestään, koska kiltistä tytöstä on tullut vastarannan kiiski. Hän on itse vakuuttunut siitä, että paluuta entiseen ei ole. Jari elättelee vielä toiveita siitä, että Raijan kriisi menee ohi ja kaikki palaa ennalleen.

Raijan käsitys rakkaudesta ja rakastetuksi tulemisesta on muuttunut, eikä lapsuuden olosuhteista peräisin oleva toisten ehdoilla eläminen enää onnistu. Hän haluaa olla oma itsensä ja saada tyydytystä elämässään itselleen. Hän on alkanut rakastaa itseään enemmän kuin ennen, mikä on hyvin positiivista. Mitä parisuhteelle ja muille ihmissuhteille sitten tulisi tehdä, jotta elämä voisi onnistua entisissä puitteissa? Raija on hakenut uutta työpaikkaa, mutta haluaa säilyttää avioliittonsa, jos Jari tulee mukaan kehittämään suhdetta. Se edellyttää muuttumista ja kasvua molemmilta osapuolilta ja tekee prosessista hyvin haastavan. Jarinkin on alettava pohtia, mitä hän elämältään haluaa.

Raijan elämän varrella kypsynyt käsitys rakkaudesta on saanut aikaan hänessä paljon kasvua, mutta on haastanut myös hänen ympärillään olevat ihmiset. Parhaimmillaan kasvu johtaa uuteen, parempaan avioliittoon, mutta voi myös johtaa eri poluille ja suhteen päättymiseen. Raija sanookin oppineensa kuluneen puolen vuoden aikana elämästä enemmän kuin koskaan ennen. Hän päivittelee, että on vasta nelikymppisenä ymmärtänyt parisuhteen kiemuroita, vaikka ne olisi saanut oppia jo rippikoulussa.

MILLAINEN SUHDE ON TURVALLINEN?

Jatta ja Marko ovat molemmat 32-vuotiaita työelämässä menestyviä aikuisia. He ovat asuneet yhdessä jo vuosia, mutta eivät ole solmineet sitoutunutta suhdetta. He lähtevät parisuhdetyöntekijän vastaanotolle selvittämään suhdettaan saadakseen selville, ovatko he molemmat valmiita sitoutumaan avioliittoon. Jatta on tehnyt aloitteen keskusteluista, koska ei halua enää hukata aikaa suhteeseen, jos se ei johda perheen perustamiseen. Hän haluaa ehdottomasti lapsia ja kokee ajan käyvän tässä suhteessa vähiin. Marko ei ole kovin innokas ottamaan ratkaisevaa askelta perheen perustamiseksi. Hän nauttii vapaudestaan, hänellä on hyvät ansiotulot ja mahdollisuus viettää aikaansa haluamallaan tavalla. Hän ei ole myöskään varma, jaksaako sitoutua yhteen naiseen koko elämänsä ajaksi. Marko sanoo, että ei halua myöhemmin katua päätöksiään.

Jatta ja Marko kertovat olevansa hyviä ystäviä keskenään. He voivat puhua avoimesti asioistaan ja nauttivat toistensa seurasta, vaikka viettävät aikaa myös erikseen ystäviensä kanssa. Molempien mielestä suhteen lopettaminen olisi katkera pala, mutta he eivät kuitenkaan osaa päättää, mikä on oikea ratkaisu. Marko on epävarma omasta käyttäytymisestään ja Jatta on epävarma siitä, voiko luottaa Markoon jatkossa.

Marko ja Jatta ovat poikkeuksellinen pari, joka ei solmi avioliittoa harkitsematta asiaa kunnolla. Heidän pohdinnoissaan on realismia, mutta myös tulevaisuuden ja sitoutumisen pelkoa. Päätös avioliitosta sisältää riskejä, mutta niin sisältää suhteen lopettaminenkin. Vaikuttaa siltä, että he ovat itsenäisiä ja pärjäävät yksinkin toisiinsa nojaamatta. Heillä on ystävyyttä ja läheisyyttä, ja heidän suhteensa perusta on harvinaisen vahva, mikä tekee onnellisen avioliitonkin mahdolliseksi. Markon halu pitää kiinni aikuisen vapaudesta on kuitenkin este avioliitolle ja perheen perustamiselle. Lasten syntymän jälkeiset vuodet ovat usein raskaita, koska molemmat vanhemmat joutuvat keskittymään lasten tarpeiden tyydyttämiseen ja luopumaan monista asioista, joihin ovat tottuneet.

Suhteen tai avioliiton turvallisuuden kannalta on tärkeää, että suhteen molemmat osapuolet sitoutuvat suhteeseen pitkäjänteisesti. Elämä tuo mukanaan monia haasteita, ja jokaisen parin on varauduttava myös vaikeisiin aikoihin. Riittävä realismi antaa mahdollisuuden selvitä erilaisista haasteista, joita työelämä, perheen kasvaminen ja ihmissuhteet tuovat mukanaan. Realismiin kuuluu se, että pari kehittää työkaluja, joiden avulla voi työstää suhteen ongelmia. Ongelmat kuuluvat elämään ja parisuhteeseen. Niitä ei voi ratkaista, jos niitä ei halua nähdä. Yllättävän moni nuoripari sulkee silmänsä realiteeteilta ja kuvittelee olevansa turvassa suhdetta uhkaavilta vaaroilta.

Kim ja Niina menivät naimisiin jo varttuneella iällä, lähes nelikymppisinä, tarkoituksenaan aloittaa perhe-elämä ja hankkia lapsia. Heille syntyikin kaksi ihanaa lasta alle kahden vuoden sisällä. Niina keskittyi hoitamaan lapsia kotona, ja Kim kävi töissä hankkimassa elannon perheelle. Hän työskenteli toimitusjohtajana melko suuressa kustantamossa. Työpäivät olivat pitkiä, ja lapset olivat usein jo nukkumassa, kun hän saapui töistä kotiin. Elämä oli taloudellisesti turvallista, mutta ei kuitenkaan sitä, mitä Niina halusi. Hän oli hyvin pettynyt siihen, että Kim jätti hänet yksin lasten kanssa eikä osallistunut lasten elämään kuin viikonloppuisin. Hän arvosteli Kimiä kärkevästi, mikä johti uusiin ristiriitoihin.

Kim uhkasi erolla, koska Niina oli niin ymmärtämätön ja vaativa. Niina ei kuitenkaan halunnut kuulla puhuttavan erosta. Hän alkoi pelätä Kimin reaktioita ja kääntyi parisuhdeterapeutin puoleen. Onneksi myös Kim halusi apua suhteen parantamiseksi. Keskusteluissa ilmeni, että parin näkemykset ja elämänarvot olivat kaukana toisistaan. Niina oli yllättynyt, että hän ei tuntenut miestään eikä hänen ajatusmaailmaansa. Tutustuttuaan paremmin Kimiin hän alkoi pohtia, haluaako elää enää niin työkeskeisen ja kovia arvoja edustavan ihmisen kanssa. Ajatus erosta alkoi itää Niinan mielessä.

Niina ja Kim olivat unohtaneet käydä keskusteluja elämänarvoistaan. Niina luuli Kimin arvostavan perhe-elämää, parisuhdetta ja hyviä ihmissuhteita ylipäätään. Näin ei kuitenkaan ollut; ihmissuhteet olivat Kimille toissijaisia. Hän keskittyi tekemään tulosta työssään eikä ymmärtänyt, mitä Niina tarkoitti parisuhteen hoitamisella. Yllättävän moni pariskunta kokee samantapaisia yllätyksiä. Hyvin erilaiset elämänarvot johtavat helposti vakaviin ristiriitoihin. Eronneiden ryhmissä asia on jatkuvasti keskustelujen kohteena.

YHTEISKUNNAN VAIKUTUS

Yhteiskunnalliset muutokset näyttävät vaikuttaneen viimeisen viidenkymmenen vuoden aikana avioliittoihin dramaattisesti. Erot ovat lisääntyneet huimasti 1980-luvun lopulta lähtien. Yksittäisten ihmisten ja perheiden on mahdotonta hallita parisuhteita rasittavia yhteiskunnallisia muutoksia. Perheiltä on vaadittu valtavia ponnisteluja, jotta ne ovat voineet sopeutua nykyajan vaatimuksiin. Miehen ja naisen tehtävät ja roolit yhteiskunnassa muuttuvat nopeasti, eikä muutosta helpottavia tukijärjestelmiä ole kaikkien saatavilla. Tällä hetkellä työelämä näyttää olevan vaativampaa kuin koskaan, ja moni nuori isä tai äiti joutuu työssä menestyäkseen uhraamaan ihmissuhteitaan ja psyykkistä hyvinvointiaan.

Yhteiskunnallisten muutosten vaikutus avioliittojen kestävyyteen on ollut negatiivinen, vaikka samaan aikaan parisuhteen merkitys on korostunut ihmisten elämässä. Parisuhde tai avioliitto on muodostunut myös tärkeäksi työelämää tukevaksi instituutioksi. Työssä jaksaminen edellyttää yleensä tukiverkostoa, toimivia ihmissuhteita. Tunne-elämän tarpeet halutaan tyydyttää yleensä vakituisessa parisuhteessa. Erityisen korostunut vaikutus parisuhteella on niiden elämään, jotka ovat hyvin riippuvaisia tietystä työstä kuten oman yrityksen toiminnasta. Paradoksaalista kyllä, nimenomaan yrittäjien avioliitot kariutuvat kaikkein useimmin.

Näyttää siltä, että yhteiskunnallisten muutosten vaikutus parisuhteiden kestävyyteen jatkuu negatiivisena. Maailma muuttuu tuotantoelämän ehdoilla, eikä yksittäisen perheen mahdollisuus ohjata elämäänsä ole paranemaan päin. Nuori aikuinen ei voi nykyään turvautua kotoa tai menneisyydestä peräisin oleviin käyttäytymismalleihin. Hän joutuu luomaan oman elämänsä omista lähtökohdistaan eikä esimerkiksi miehen tai naisen vanhoja roolimalleja noudattaen.

On todennäköistä, että erojen määrään voidaan vaikuttaa vain, jos myös yhteiskunnan muutos on perheen ja yksilön kannalta hallitumpaa kuin viime vuosikymmeninä on ollut. Sinänsä hyödylliset asiat, kuten parisuhteen kehittämiskurssit ja valmennuskurssit nuorille, eivät yksin riitä takaamaan kestävämpiä suhteita.

Yhteiskunnan muutos on tehnyt ihmisten elämästä haastavaa myös siksi, että vanhat roolimallit eivät enää päde miehen ja naisen elämässä. Pitäytymällä perinteisissä rooleissa joudutaan helposti tilanteeseen, jossa perheen toimintakyky heikkenee. Agraariyhteiskunnan roolit eivät toimi tämän hetken kaupungistuneessa maailmassa.

Ihmiset joutuvat elämän varrella määrittelemään itsensä yhä uudelleen. ”Kuka olen ja mitä haluan?” on aikamme kysymys, jonka jokainen esittää itselleen. Tämä on osa uuden identiteetin muodostamista ja omien henkilökohtaisten tarpeiden näkemistä. Yksilön omat tarpeet nousevat silloin ylitse muiden. Länsimaisessa yhteiskunnassa onnen tavoittelu on yksilöllinen projekti, joka uhkaa parisuhdetta ja avioliittoa. Vertailun vuoksi voidaan todeta, että joissakin muissa kulttuureissa korostetaan edelleen yhteisön parasta eikä ihmiseltä itseltään välttämättä kysytä, haluaako hän avioitua suvun valitseman kumppanin kanssa.

Luku 3

Miksi – Mitä tapahtui, kenen syy?

En ole ollut koskaan tyytyväinen tähän liittoon. En ymmärrä, miksi emme löytäneet henkistä yhteyttä, vaikka kävimme kaikki mahdolliset parisuhdekurssit. Ero on minulle ainoa mahdollisuus. En jaksa enää yrittää.

Leila, 43 v

Halusin antaa Leilalle ja lapsille kaiken sen, mitä en itse saanut lapsuudessani. Rakensin talonkin. Leilan mielestä se oli typerä teko. Hän ei olisi halunnut taloa vaan jotain sellaista, mistä en ymmärrä mitään.

Jaakko, 44 v

KAKSI NÄKÖKULMAA

Erossa on yleensä jättäjän näkökulma ja jätetyn näkökulma, tosin eropäätös voi joskus olla myös yhteinen. Pitkässä suhteessa voi käydä niin, että puolisot erkaantuvat pikku hiljaa toisistaan ja ikään kuin virallistavat tilanteen eroamalla avioliitosta. Muutaman vuoden kestäneiden suhteiden eroa ei pitäisi kuvata lauseella ”kasvoimme erilleen”, vaan parempi on kuvata sellaista eroa lauseella ”emme löytäneet yhteistä säveltä”.

Jätetty osapuoli kysyy aina miksi-kysymyksiä, koska ei ole nähnyt eron merkkejä ajoissa ja on siksi ainakin jonkin verran yllättynyt. Hän saattaa keskittää voimansa eropäätöksen perumiseen. Melko usein hylätyksi itsensä kokeva kumppani alkaa käydä kauppaa ja tarjota toiselle tämän aiemmin toivomia parannuksia elämään. Ero on pelottava ja voi tuntua maailmanlopulta. Hylkääjällä ei ole aina tarjolla selkeää ja konkreettista syytä eropäätökselleen. Hän on jo pitkään ollut onneton ja ero on alkanut näyttää pelastukselta, ja sitä jätetyn on yleensä lähes mahdoton ymmärtää.

Jari ja Anu tulevat parisuhdetyöntekijän puheille, koska Anu on ollut jonkin aikaa tyytymätön suhteeseen. Tapaamisen alussa hän kertoo vuolaasti tyytymättömyydestään, mutta ei vielä mainitse haluavansa eroa. Jari myöntää puolestaan, että asiat eivät ole kovin hyvin mutta toisaalta eivät ihan huonostikaan. Hän ehdottaa, että he alkavat parantaa suhdettaan käymällä terapiassa. Anu kuitenkin sanoo sen olevan jo liian myöhäistä, sillä hän haluaa eron nyt. Itse asiassa hän halusi tulla tähän neuvotteluun kertoakseen päätöksensä ja saadakseen Jarille ulkopuolista tukea. Jari ei saa Anun mieltä muuttumaan. Häntä harmittaa, että Suomessa on niin helppo erota.

Jari jää ihmettelemään, mitä oikein tapahtui. Anu kertoo hänelle pitkään jatkuneesta tyytymättömyydestään. Jarille kaikki tuntuu kuitenkin yllätykseltä, ja hän ihmettelee, miksi Anu ei ole aiemmin kertonut ajatuksiaan. Anu puolestaan sanoo puhuneensa niistä jo toista vuotta, mutta Jari ei ole ollut halukas keskusteluihin. Mitään selkeää, Jaria tyydyttävää syytä hän ei kuitenkaan osaa kertoa. Anu sanoo, ettei hänellä ole uutta suhdetta. Hän on puhunut erosta hyvän ystävänsä kanssa, mutta on tehnyt päätöksensä itse.

Anun ja Jarin esimerkki kertoo melko yleisen tarinan. Jättäjä ja jätetty eivät kohtaa keskusteluissa. Jättäjä ei osaa kertoa tarpeeksi hyviä, jätetylle kelpaavia perusteluita päätökselleen. Toisaalta on niinkin, että selitys eron syystä muuttuu ajan myötä, eikä jättäjäkään enää muutaman vuoden kuluttua näe asiaa samoin. On todettu, että eron osapuolten näkemykset lähentyvät toisiaan, kun riittävästi aikaa on kulunut. Tällöin myös hylätty osapuoli on saanut pohtia yhteiselämää laajemmin, jolloin se näyttäytyy realistisemmin kuin erokriisin aikana.

Perinteisesti erolle on haettu selkeää syytä ja syyllistä. Vielä noin kaksikymmentä vuotta sitten lainsäädäntömme edellytti syyllisen löytämistä ja ero nähtiin riita-asiana, jota puitiin oikeudessa. Eron aiheuttaja saattoi myös joutua kärsimään, kun perheasioita päätettiin eron yhteydessä. Oli tyypillistä, että eroa hakeva ihminen syytti puolisoaan esimerkiksi väkivaltaisuudesta, alkoholismista tai uskottomuudesta.

Monien ihmisten mieleen on iskostunut ajatus syyllisen löytämisestä eroon, vaikka nykyinen lainsäädäntömme ei enää syyllistä haekaan. Avioliiton loppuvaiheessa tapahtuneet asiat tekevät usein toisesta syyllisen ainakin naapureiden, ystävien tai sukulaisten silmissä. Varsinkin hylätyksi tullut osapuoli voi myös kerätä myötätuntoa ympäriltään esittämällä toisen syyllisenä. Tällä tavalla hän samalla purkaa eron aiheuttamaa vihaa.

Moraaliton käyttäytyminen on yhteisömme silmissä edelleen tyypillinen eron syy. Toinen on käyttäytynyt tavalla, joka vie luottamuksen suhteelta, eikä pettymysten yli päästä, vaikka sitä olisi yritettykin. Uskottomuus on hyvin suuri yksittäinen syy eroon, mikäli eron syitä tarkastellaan liiton loppuvaiheen tapahtuminen valossa. Rinnakkaissuhde voi ajaa avioliiton edelle tai sen paljastumisen aiheuttama kriisi kaataa suhteen. Petetty voi hakea pikaista eroa, koska ei kestä hylätyksi tulemisen tunnetta. Tällöin varsinainen jättäjä suhteessa on kuitenkin aiemmin rinnakkaissuhteen aloittanut ihminen.

Kumppanin fyysinen, henkinen tai seksuaalinen hyväksikäyttö voi olla eron syynä, kun toinen ei enää suostu tyytymään osaansa. Hyväksikäyttö on kenties johtanut ongelmien kasaantumiseen, ja eroa haetaan tilanteen kärjistyessä äärimmilleen. Suhde voi olla ajautunut niin suuriin vaikeuksiin, että toinen kokee itsensä jatkuvasti joko fyysisesti tai psyykkisesti huonovointiseksi, jolloin tilanne on kestämätön.

Saara pakeni pienen vauvan kanssa Ensi- ja turvakotiin, koska hänen aviomiehensä Petteri löi ja potki häntä. Petteri oli aiemminkin menettänyt malttinsa Saaran ”jääräpäisyyden” takia. Saara uskoi asioiden paranevan, kun he saisivat kauan odotetun esikoisen. Toiveista huolimatta tilanne vain paheni.

Ensi- ja turvakodissa Saaran liittoa alettiin tarkastella ja hänelle annettiin neuvoja siitä, miten väkivaltaisen miehen kanssa pitää toimia. Saaraa ei neuvottu eroamaan, mutta hän haki eroa, koska ei uskonut enää miehensä vakuutteluja uudesta alusta. Petteri joutui miettimään omaa väkivaltaisuuttaan, koska hänen edellinen liittonsa oli kariutunut samalla tavalla. Hän lähtikin hakemaan apua miesten ryhmästä, mikä ei kuitenkaan pelastanut hänen avioliittoaan.

Riitta oli kotoisin perheestä, jossa alkoholin käyttö pilasi monta asiaa. Aikuisena hän solmi liiton Eeron kanssa, koska tämä oli tavoiltaan kunnollinen eikä käyttänyt paljon alkoholia.

Kahden lapsen syntymän ja kymmenen kuluneen vuoden jälkeen Eero oli kuitenkin muuttunut Riitan silmissä toiseksi mieheksi. Eero meni joka perjantai töiden jälkeen kaljalle pubiin ja saattoi tulla kotiin vasta sunnuntaina. Se alkoi rasittaa Riittaa, joka koki itsensä hyväksikäytetyksi. Hän vaati Eeroa viettämään viikonloppuja kotona. Eero ei kuitenkaan suostunut, ja Riitta haki eroa.

Lisa tuli Amerikasta Suomeen Göranin luokse, koska oli hyvin rakastunut tähän. Hän jätti sen vuoksi myös hyvän työpaikkansa New Yorkissa. Naimisiin mentyään he viettivät mukavaa elämää, kunnes Göranin epäluotettavuus alkoi vaivata Lisaa yhä pahemmin. Göran saattoi häipyä päiväkausiksi ”työmatkoille”, ja kotiin tullessaan hän oli usein huonossa kunnossa. Lisalle selvisi vähitellen, että Göran käytti huumeita. Lisa alkoi vaatia mieheltään selitystä hänen käyttäytymiselleen, koska tunsi olonsa turvattomaksi. Hän oli raskaana, mikä syvensi hänen ahdinkoaan. Göran ei halunnut lopettaa huumeiden käyttöä tai ei pystynyt siihen. Hän ei kuitenkaan halunnut hakeutua hoitoon, mikä oli Lisalle viimeinen pisara.

Eron hakeminen tilanteessa, jossa kokee itsensä jatkuvasti hyväksikäytetyksi, on tervettä. Kenenkään ei tarvitse uhrata elämäänsä, jos toinen kohtelee kaltoin. Vaikean suhteen päättäminen ei kuitenkaan riitä, vaan on tärkeää, että hyväksikäytetty ihminen panostaa itsetuntemuksensa lisäämiseen ja puolensa pitämiseen välttääkseen joutumasta uudelleen samaan ansaan.

PITÄÄKÖ SYYLLISTÄ HAKEMALLA HAKEA?

Rauno ja Liisa olivat hyvin huolissaan, kun heidän poikansa Arto ilmoitti eroavansa kumppanistaan Noorasta. He hakeutuivat parisuhdeterapeutille, koska halusivat auttaa poikaansa pysymään avioliitossa ja samalla miettimään omia tekojaan. Liisa kertoi pyrkineensä äitinä antamaan pojalleen kaiken, minkä vain osasi. Hänestä Arto olikin hyvin kasvatettu ja asiansa hoitava nuori mies. Viime aikoina Arto oli kuitenkin muuttunut särmikkääksi, eikä hän halunnut enää tilittää äidilleen omia tuntojaan. Varsinkin erosta puhuminen oli Arton kanssa mahdotonta. Pohtiessaan asiaa ja nuorenparin eroa Rauno ja Liisa tulivat siihen tulokseen, että vika ei ollut kuitenkaan heidän pojassaan vaan Noorassa, joka puhui miehelleen määräilevään sävyyn.

Eron syyllisyys koskettaa usein kolmea sukupolvea kerrallaan. Vanhempien on vaikea kestää omien lastensa eroja, koska he kokevat helposti olevansa osasyyllisiä. He voivat syyttää itseään ja omia virheitään, mutta myös kaataa syyllisyyden jonkun muun niskaan. Eroava pari voi myös syytellä toinen toistaan ja sitoa myös lapsensa ottamaan kantaa syyllisyyskysymyksiin. Selviytymisen kannalta siitä näyttää olevan pikemminkin haittaa kuin hyötyä.

Normaalisti eron syyt ovat niin moniulotteisia, että syyllisten hakeminen on turhaa. Päähuomio kannattaa keskittää kriisin työstämiseen ja siitä selviytymiseen. On selvää, että naimisiin mennessään ihmiset uskovat hyvään tulevaisuuteen ja pyrkivät hyvään. Elämä tuo kuitenkin monille suuria haasteita ja yllätyksiä. Jokainen pari joutuu kokemaan myös pettymyksiä sekä suhteessaan että muutenkin elämässään. Ihmisen kasvu on kriisien sävyttämää, eikä kukaan voi selviytyä kasvustaan täydellisesti. Nykyään parisuhde joutuu usein kasvukriisien maksumieheksi.

Meitä ei ole loppujen lopuksi varustettu erityisen hyvin nykyisiin avioliiton ja parisuhteen haasteisiin. Mietipä, mitä vanhempasi opettivat sinulle parisuhteesta joko omalla esimerkillään tai neuvoillaan. Ovatko nuo asiat olleet hyödyksi vai vieneet sinua harhaan?

Ohessa muutamia neuvoja, joita äskettäin eronneet ihmiset kertoivat kuulleensa vanhemmiltaan:

- Älkää koskaan riidelkö.
- Miehen pitää olla vahva ja pitää vaimo aisoissa.
- Mies on perheen pää.
- Toiselle ei pidä antaa liikaa vapautta.
- Älä koskaan petä puolisoasi!
- Miehet kulkevat omia polkujaan.
- Nainen päättää lopulta tärkeät asiat.
- Älä anna auringon laskea vihasi ylle.

Toiset neuvoista ovat kannatettavia, mutta toiset eivät taida juuri auttaa hyvän parisuhteen luomisessa. Oman lisänsä parisuhdesoppaan tuovat koulun, tiedotusvälineiden ja viihteen tarjoamat neuvot. Ei ihme, että parisuhteet hajoavat niin usein!

YHTEINEN SYYLLISYYS

Avioliittojen kestäminen on yhteiskunnallisesti tärkeää. Avioliitto tai vastaava parisuhde on perheen perusta ja takaa mahdollisimman hyvät kasvuedellytykset lapsille ja nuorille, ja siksi yhteiskuntamme tulisi kiinnittää erityistä huomiota seikkoihin, jotka vahvistavat parisuhdetta. Oikea tieto parisuhteen luonteesta ja lainalaisuuksista on tärkeää, jotta ihmiset oppivat kehittämään tyydyttävämpiä suhteita.

Parisuhdeoppia tulisi tarjota koulussa, kotona ja netissä, ja nuoria perheitä tulisi tukea varsinkin niinä vuosina, jolloin haasteet ovat suurimmillaan. Lasten syntymät, kodin rakentaminen ja työuran luominen osuvat samoille vuosille, mikä on joskus liian kova haaste. Työelämästä on tullut joustavampaa, mikä tarkoittaa joustoa myös perheen suunnalta, koska työntekijältä odotetaan suurpiirteisyyttä työaikojen noudattamisessa.

Syytämme usein ihmisiä moraalittomasta käyttäytymisestä, kun he eroavat. Samaan aikaan yhteisömme toimii tavalla, joka heikentää perheen selviytymismahdollisuuksia. Neuvoksi ei riitä, että kerrotaan, miten ihmiset ennen toimivat, vaan katse on suunnattava tulevaisuuteen ja seuraavien vuosikymmenien näkymiin.

Luku 4

Kukaan ei eroa yksin, tukea eroamiseen – Tukea erossa

> Olen aikonut erota. Mitä teen, jos minulle tulee vaikeita aikoja tai hetkiä?
>
> *Aki, 33 v*

ERON TUSKAA EI VOI VÄLTTÄÄ

Oletpa jättäjä tai jätetty, joudut kokemaan eron tuskia. Se kuuluu asiaan ja on jopa välttämätöntä, jotta voisit kasvaa ja kehittyä erosi kautta. TV:n saippuasarjoissa ihmiset näyttävät eroavan hymy huulillaan, kuin mitään kovin suurta ei olisi tapahtunutkaan. Todellisuudessa eroprosessi vie vuosia ja järkyttää elämän perustuksia. Joskus se vie elämänhalun ja eronnut masentuu syvästi. Ero kolauttaa kaikkien osapuolten itsetuntoa ja rikkoo monia ihmissuhteita. Luopumisen tuska on kuitenkin osa elämää, eikä kukaan voi välttyä siltä, vaikka ei eroaisikaan avioliitostaan. Luopumiseen liittyvä sureminen vie ihmisiä elämässä eteenpäin. Parisuhteen päättänyt ihminen voi oppia myös luopumisen taitoja.

Eron aiheuttama tuska on suhteessa menetyksen suuruuteen. Parisuhteen merkitys eroavalle ja eron myötä seuraavat muut menetykset ennustavat kriisin syvyyttä. Monelle jätetylle kymmenien vuosien avioliiton päättyminen on katastrofaalinen kokemus. Lähestyvä vanhuusikä näyttää aivan toiselta, kun kuvitelma yhteisistä eläkepäivistä osoittautuukin turhaksi toiveeksi. Erossa saattaa menettää myös asunnon, kesämökin ja suhteen moniin sukulaisiin ja ystäviin, eikä olekaan ihme, että moni eroava harkitsee itsemurhaa.

Lyhyenkin suhteen päättyminen voi olla järkyttävää. Paljon riippuvuutta sisältävän parisuhteen päättyminen horjuttaa ihmisen tasapainoa, koska kumppaniinsa on nojannut niin monessa asiassa. Monesti myös avioeron jälkeisen suhteen, ns. toipumissuhteen, päättyminen on todella kova kolaus ja saattaa tuntua vielä isommalta asialta kuin pitkän suhteen päättyminen.

Hyvä uutinen eroavalle on se, että erosta voi selvitä. Selviytymisen lisäksi siitä voi oppia, ja eron jälkeen on mahdollista rakentaa entistä parempi elämä. Se ei kuitenkaan tapahdu aivan itsestään, vaan edellyttää joitakin selviytymistä tukevia asioita.

TURVALLISUUS

Elämän turvallisuus perustuu viime kädessä perusasioihin, kuten toimeentuloon, asuntoon ja ruokaan. Nämäkin perusasiat voivat olla erossa uhattuna. On selvää, että taloudellinen toimeentulo heikkenee, mikä aiheuttaa pelkoja ja ahdistusta. Sen vuoksi asiat pitää pyrkiä järjestämään kuntoon niin pian kuin mahdollista. Pitkittynyt epävarmuus vie voimia ja saattaa jopa sairastuttaa. Asuntoasioita ei kuitenkaan saa kuntoon käden käänteessä, mikä luo epävarmuutta. Epävarmuutta voidaan joskus pitkittää riitauttamalla eroon liittyvät ratkaisut, kuten omaisuuden jako ja lasten asuminen.

Eroon kuuluva henkinen kärsimys saa aikaan tilanteen, jossa eronnut joutuu säätelemään tuskan kokemista, jotta se ei kävisi ylivoimaiseksi. Säätely voi näyttäytyä todellisuuden vääristymisenä, ikään kuin jätetty ihminen ei hyväksyisi ikävää todellisuutta. Se voi näkyä pakenemisena alkoholin ja muiden päihteiden käyttöön tai psyykenlääkkeiden tuomaan valheelliseen hyvään oloon. Uudet rakkaussuhteet voivat olla yritys välttää eron tuskia, ja lohduttajiksi voivat kelvata myös prostituoidut tai muut väliaikaiset seksisuhteet.

Eronnut tarvitsee rohkeutta nostaa eron pöydälle ja käsitellä siihen liittyviä tunteita avoimesti. Hyvät ystävät, vertaistukiryhmät ja ammattiauttajat näyttävät olevan paras tae eroprosessin edistymiselle. Hyvien ihmissuhteiden luoma turvallisuus antaa rohkeutta katsoa asioita silmiin. Eronneen ensimmäinen tärkeä tehtävä onkin kartoittaa oma ihmissuhdeverkostonsa ja miettiä, mitä tukea voi saada verkostoltaan.

Kaikilla eronneilla ei ole hyviä ystäviä, joiden kanssa eroa voi käydä läpi. Hyvällä ystävällä tarkoitetaan ihmistä, joka auttaa eronnutta puhumaan asioistaan ja tukee häntä rakentavaan toimintaan erossa. Ystävä, joka kannustaa toista esimerkiksi koston tielle, ei ole hyvä ystävä. Hyvä ystävä voi kuitenkin myös väsyä kuuntelemaan eronneen jatkuvasti toistuvia vuodatuksia. Hän voi olla muutoinkin väsynyt ja rasittunut eikä jaksa olla tukena kovin pitkäjänteisesti.

Eronneet kokevat yleensä, että paras ystävä tai tukihenkilö on toinen eronnut. Vertaistuki on oikotie ymmärretyksi tulemiseen ja mahdollistaa erokriisin käsittelyn. Ollakseen hyödyllistä vertaistuen tulee olla ohjattua ja sillä tulee olla päämäärä. Tutkimusten mukaan esimerkiksi Fisherin jälleenrakennus- eli eroseminaarit ovat erityisen tehokas tapa työstää eroa. Niissä eronnut käy yhdessä muiden ryhmän jäsenten kanssa läpi oman erokokemuksensa jäsentyneesti ja lisää samalla itsetuntoaan ja itsetuntemustaan. Lopullisena tavoitteena seminaareissa on suurempi vastuun ottaminen omasta elämästä ja onnellisuudesta. Osanottaja saa myös välineitä eron jälkeisen elämän rakentamiseen ja toimivampien suhteiden luomiseen.

Netissä on keskustelufoorumeita, joissa eronnut voi jakaa ajatuksiaan ja tunteitaan. Parhaimmillaan netin keskustelut ovat silloin, kun niitä ohjataan ammatillisesti. Arveluttavimmillaan ne ovat silloin, kun ihmisiä yllytetään tuhoisaan käyttäytymiseen esimerkiksi eron vihan purkamisessa. Tuen hakemisessa ja saamisessa on siis tärkeää, että tuki on rakentavaa.

Kynnys ammattiauttajien eli psykologien ja psykoterapeuttien vastaanotolle menemiseen on jatkuvasti madaltunut, ja erotilanne tai parisuhdekriisi on hyvin tavallinen syy kääntyä ammattiauttajan puoleen. Jokaisessa Suomen kunnassa on tarjolla maksuttomia perheneuvontapalveluja ainakin lapsiperheille, ja esimerkiksi kirkon perheneuvonta on niin ikään laajalti saatavilla ja maksutonta. Näihin julkisiin palveluihin on kuitenkin monin paikoin vaikea päästä ajoissa, sillä jonot palveluun voivat olla kuukausien mittaisia. Joidenkin kuntien perheneuvolapalveluja on myös rajoitettu koskemaan vain lapsiperheitä. Kunnissa on terveyskeskuspsykologeja, jotka voivat auttaa alkuun kriisin työstämisessä, ja tarvittaessa myös mielenterveystoimistojen palvelut ovat käytettävissä.

Moni eronnut puhuu ammattiauttajalle ensimmäisen kerran työterveyshuollossa, kun erokriisi on alkanut haitata työtekoa.

Nukahtamisvaikeudet ja unettomuus ovat vastaeronneen normaaleja seuralaisia ja vievät voimia päivän töistä. Eron tunteet voivat aiheuttaa monia muitakin terveydellisiä ongelmia, jotka vaativat lääkärin hoitoa. Erokriisin vaikutus työhön on yleensä pitkäaikainen, minkä vuoksi eron työstäminen on eduksi sekä työntekijälle että työnantajalle. Työterveyden mahdollisuudet ohjata eronnut avun lähteille onkin tavallista suurempi. Eronnut on erityisesti keskusteluavun tarpeessa ja koulutuksen saanut työntekijä, kuten psykologi tai psykoterapeutti, osaa kuunnella ja tukea kriisissä olevaa ihmistä. Kriisi ei ole yleensä vain yhden ihmisen ongelma, sillä eronneen koko ihmissuhdeverkosto joutuu käymään sitä läpi. Avun ja tuen hakeminen on vahvuutta ja edistää selviytymistä.

Janne sai kuulla vaimoltaan, että avioliitto on lopussa. Vaimo oli löytänyt omasta mielestään paremman miehen. Janne ei ollut koskaan ajatellut menevänsä psykologin juttusille, mutta nyt hän oli niin ahdistunut, että suostui työterveyshoitajan ehdotukseen. Psykologin kautta hän ohjautui eroseminaariin, jossa hänen itsetuntonsa alkoi kohota. Hän alkoi tehdä asioita elämässään uudella tavalla ja rakentaa samalla uusia ihmissuhteita. Janne oli hyvin kiitollinen siitä, että oli osallistunut eroseminaariin, koska koki nyt olevansa uusi ihminen. Hänen entinen vaimonsakin huomasi muutoksen ja kiinnostui Jannesta uudelleen. Hän ehdotti, että Janne palaisi takaisin kotiin, mutta Janne ei ollut enää halukas siihen.

Näyttää siltä, että naisten vahvuus erokriisin työstämisessä on heidän luontainen halunsa tukeutua muihin ihmisiin. Sen vuoksi eroryhmien ja parisuhdeterapeuttien asiakkaiden enemmistö on naisia. Osalle miehistä taas turvautuminen muihin on merkki siitä, että he eivät pärjää tai kelpaa. Onneksi ainakin nuorempien sukupolvien miehet ovat alkaneet suhtautua itseensä sallivammin. Heidän isiään parempi itsetuntonsa mahdollistaa avun hakemisen silloin, kun mieli myllertää.

ERON TUNTEET

Avioero tai vastaava parisuhteen päättyminen on pelottava asia, koska se vie hetkessä tulevaisuuden, jonka ihminen on itselleen kuvitellut. Pelko on luonnollista silloin, kun edessä on tuntematon. Pelkoa ei tulisi kuitenkaan vältellä, vaan eteenpäin pitäisi käydä rohkeasti joko yksin tai yhdessä toisten kanssa. Yksin olemisen pelko paranee olemalla yksin, ei pakenemalla sitä alkoholiin tai liialliseen aktiivisuuteen. Eron tunnetilat eivät ole pysyviä vaan muuttuvat koko ajan. Luopumiseen ja menetyksiin liittyvät tunteet ovat luonnollisia ja johtavat henkiseen kasvuprosessiin. Kasvulle vain pitää antaa mahdollisuus ja tila.

Eronneen voimakkaimmat tunteet ovat viha ja suru, joiden työstäminen on hidasta ja vie normaalisti vuosia, jos asiat edistyvät suotuisasti. Huonossa tilanteessa ihminen juuttuu kriisiinsä ja saattaa joutua kärsimään erosta vuosikymmeniä tai koko ikänsä. Tuhoisa tapa purkaa vihaa saa aikaan laajenemisilmiön, jolloin mm. lapset joutuvat kärsimään siitä omassa aikuisessa elämässään.

Tiina soitti minulle ja kysyi, onko hänelle tarjolla apua eron työstämiseen. Hänen vanhempansa erosivat vuonna 1972, mutta eivät selvinneet erosta kunnialla. Tiina kertoo äitinsä vieneen isän häneltä. Hän ei voinut tavata isää, koska äiti kosti sen aina. Vielä nytkin, Tiinan ollessa melkein 50-vuotias, äiti kostaa isästä kerrotut myönteiset kommentit tai isän tapaamisen uhkaamalla Tiinaa perinnön menettämisellä ja lähettämällä mustamaalaavia kirjeitä Tiinan ystäville. Tiinan lapsetkin ovat saaneet mummon lähettämiä mustamaalauskirjeitä. Tiinan kertoman mukaan kukaan ei ole voinut auttaa häntä äidin mielivaltaa vastaan.

Huonosti työstetty viha voi olla tuhoisa jopa kymmeniä vuosia ja sitoa useat sukupolvet vihan syövereihin. Kaiken lisäksi vihaansa näin purkava ihminen kokee vihansa oikeutettuna kostona kärsimästään vääryydestä. Vihan pitkittymisen aiheuttaa usein se, että kyseisen ihmisen lähellä on ”liian ymmärtäväisiä” ihmisiä, jotka tukevat eronnutta tuhoisaan käyttäytymiseen. Eron viha tulee usein esille myös lapsia koskevina pitkittyneinä huoltoriitoina. Tällöin eronnut pari hakee oikeutta itselleen riitauttamalla lapsiaan koskevat asiat ja yrittämällä saada viranomaiset puolelleen. Samalla he siirtävät omia lapsiaan koskevan päätöksenteon ulkopuolisten harteille ja heikentävät omaa vanhemmuuttaan.

MIKSI EN MUKA SELVIÄ YKSIN?

Eero, viihdealan yrittäjä, nousee seisomaan yleisöluennollani ja sanoo selvinneensä erostaan aivan yksin. Erosta on nyt kaksi vuotta, ja Eero kertoo olevansa taas onnellisessa parisuhteessa. Hän ei ole nähnyt entistä vaimoaan ja lapsiaan sen jälkeen, kun sulki silloisen kotinsa oven.

Eeron käyttäytyminen ja puheet osoittavat, että hän ei ole vielä oivaltanut, mitä erosta selviytyminen tarkoittaa. Hän ajatteli elämän paranevan, kun hän jättää vaimonsa yksin. Eero ei tainnut pohtia kovin paljon omaa osuuttaan elämänsä harmauteen. Hänen käyttäytymisensä oli äärimmäistä, mutta se noudattaa samaa logiikkaa, jota hyvin moni seuraa erotessaan kumppanistaan. Eeron ajattelu oli kestämättömällä pohjalla ja merkitsi käytännössä vastuun siirtämistä omasta elämästä toisten kannettavaksi. On tärkeää ymmärtää, että ero ei ole yksittäinen tapahtuma, oven sulkeminen menneisyyteen, vaan vuosia kestävä luopumis- ja kasvuprosessi. Ero voi parantaa elämää vain, jos ihminen kasvaa sen myötä.

Eroa harkitessasi sinun on pohdittava ainakin seuraavia asioita, mikäli haluat saada aikaan oleellisia parannuksia elämääsi.

- Tekeekö ero sinusta onnellisemman, eli onko eroaminen ratkaisu pulmaasi?
- Mitkä asiat elämässäsi muuttuvat eron myötä? Kuka sinua tukee erokriisin työstämisessä?
- Miksi alun perin valitsit kumppanisi?
- Mitä sinun on tehtävä, jotta osaat toimia jatkossa toisin?
- Miltä elämäsi näyttää viiden vuoden päästä?
- Mitä sinun on tehtävä, jotta unelmasi toteutuvat? Onko sinulla muita ratkaisuvaihtoehtoja kuin ero kumppanista?
- Sekoittaako uusi ihastus tai rakastuminen päätäsi vähentäen harkintaa?
- Kuka olet ja mitä haluat elämältäsi?
- Onko nykytilassa kyse identiteettikriisin aiheuttamasta onnettomasta olosta?
- Miten ero vaikuttaa suhteeseesi omiin lapsiisi?

Eero kuvitteli menneisyyden kieltämisen antavan uuden, paremman elämän. Eletty elämä vaikuttaa kuitenkin jokaiseen, ajattelee sitä tai ei. Esimerkiksi surematon suru, joka eron menetyksistä seuraa, johtaa psyykkiseen stressiin tai jopa somaattiseen sairastumiseen. Tapasin Eeron runsaat kaksi vuotta myöhemmin, kun hän haki itselleen apua avioliittoa seuranneen suhteen kaaduttua. Uusi naisystävä sai tarpeekseen Eeron komentelusta. Eerolle puhkesi diabetes, jonka hän itse liitti vaikeaan elämäntilanteeseensa.

Tämäkin esimerkki kertoi huonosta erosta. Millaisia hyvät erot sitten ovat? Onko niistä yhtään esimerkkiä? Seuraavassa on joitakin hyvän eron elementtejä, joita voi pitää ihanteena. On kuitenkin todella harvinaista, että ero sujuu kaikin puolin mallikelpoisesti, sillä kyseessä merkittävä kriisi, joka kaventaa ihmisen näköaloja ja heikentää arviointikykyä.

Hyvän eron tunnusmerkkejä:

- Ajatuksena ei ole vain päästä eroon ihmisestä, vaan pyrkimys muuttaa oma elämä paremmaksi omin teoin.
- Erokriisin ja eron tunteiden työstäminen sosiaalisen verkoston avulla. (Ystävät, eroryhmät, terapeutit.)
- Lasten selviytymisen tukeminen vapauttamalla heidät vanhempiensa ristiriidoista.
- Panostaminen omaan kasvuun ja itsetuntemuksen lisäämiseen.
- Rakentava toiminta suhteessa entiseen kumppaniin.
- Pyrkimys oppia erosta ja rakentaa toisenlainen elämä.

Elina halusi erota Juhosta, jonka kanssa hän oli ollut naimisissa 23 vuotta. Hän oli pohtinut elämäänsä jo vuosia ja huomannut usein kaipaavansa onnellista elämää. Hän työskenteli rehtorina eräässä peruskoulussa ja hoiti kotona perheen kolmea nuoruusikäistä lasta. Elämä oli siis työntäyteistä. Juho joutui oman työnsä vuoksi matkustamaan viikoittain ympäri Suomea ja välillä ympäri Eurooppaa. Hänelle oli muodostunut oma elämä ja oma ystäväpiiri, eikä Elina osannut enää ajatella häntä perheenisänä. Kaikki vastuu tuntui siirtyneen Elinalle. Elinan tietoon tuli myös asioita, jotka tuntuivat hyvin loukkaavilta. Juholla oli silloin tällöin syrjähyppyjä, joita hän ei kieltänyt. Eipä silti, oli niitä Elinallakin. Elinalla oli myös vuosia kestänyt ihastus opettajakollegaan.

Elina kertoi Juholle haluavansa eroa avioliitosta. Juho ahdistui aluksi Elinan puheista, mutta alkoi ymmärtää vaimoaan yhä paremmin. He hakivat eroa yhteisellä hakemuksella ja saivat sovittua omaisuuden jaosta melko mutkattomasti, vaikka se merkitsi yhteisen kodin myymistä. Nuoruusikäiset lapset hyväksyivät kodin myymisen, vaikka heidän ei tarvinnut asiasta päättää. Muutoin he olivat suruissaan erosta, koska rakastivat vanhempiaan. Elina järjesti lapsilleen keskusteluapua erään itsekin eronneen koulukuraattorin luona. Tämä helpotti lapsia, ja he kokivat vanhempiensa pitävän heistä huolta. Jatkossa lapset tapasivat myös isäänsä, joka oli viikonloput samalla paikkakunnalla. Isä osallistui myös ainakin yhden lapsen harrastustoimintaan.

Ero tuntui rasittavan Juhoa enemmän kuin Elinaa. Hän hakeutui parisuhdeneuvojan vastaanotolle saamaan ohjeita toipumiseensa. Elina taas osallistui Fisherin eroseminaariin ja löysi sen avulla uuden elämän. Muutaman vuoden kuluttua hän oli edelleen tyytyväinen eroratkaisuunsa ja huomasi myös lastensa olevan tasapainoisia.

Luku 5

Eron aika

Minulla on vielä paha olo, vaikka erosta on kulunut jo monta kuukautta.

Jenna, 28 v

Mieheni jätti minut nuoremman naisen vuoksi. Hän jätti kaiken omaisuuden minulle ja häipyi tietymättömiin. Edes lapset eivät ole kuulleet hänestä.

Saara, 57 v

PARISUHTEEN KUOLEMA

Aikamme avioliittoa ja parisuhdetta kutsutaan rakkaussuhteeksi. Sanaa ”rakkaus” käytetään miehen ja naisen suhteesta hyvin monessa merkityksessä. Rakkaus-sanan määritelmää kannattaakin pohtia, jotta sen pulmallisuuden ymmärtää. Rakkaudesta puhutaan yleensä kuin se olisi kaikille yhteinen käsite. Mikäli pohdit sanan merkitystä esimerkiksi ystäviesi kanssa, voit huomata, miten erilaisia määritelmiä sille on.

Saatatte puhua aivan eri asiasta, vaikka puhuttekin kaikki rakkaudesta.

Monille ihmisille rakkaus on vahvaa yhteenkuuluvuutta, romantiikkaa ja tunnetta. Osalle se on ennen kaikkea henkistä vapautta ja hyväksytyksi tulemisen tunnetta. Monet sekoittavat rakkauden määritelmäänsä rakastumisen vahvat tunteet. On myös ihmisiä, joille rakkaus on vahvaa fyysistä vetovoimaa ja seksiä. Kuka sitten on oikeassa? Onneksi ei kukaan.

Yhteiskunnassamme on ihanne tulla hyväksytyksi ja rakastetuksi sellaisena kuin on, ilman suorituksia. Ihanne on vahvasti mukana kristinuskossa Jumalan rakkautena. Ihmisen elämässä asiat eivät ole kuitenkaan jumalallisia. Joudumme tyytymään suureen epätäydellisyyteen niin rakkaudessa kuin elämässä yleensäkin, ja siinä mielessä rakkaussuhteemme muistuttavat enemmän antiikin Kreikan jumalten rakkaussuhteita kuin yhteiskuntamme ihanteita. Toisaalta on kuitenkin niin, että jokainen haluaa tulla rakastetuksi tärkeässä ihmissuhteessaan. Lapsen elinehto on saada rakkautta hoitajiltaan, ja myös aikuisina haluamme kokea olevamme rakastettuja ja hyväksyttyjä, mikä asettaa parisuhteelle valtavia paineita. Pyrkimyksemme saada aitoa rakkautta joutuu ristiriitaan elämän epätäydellisyyden kanssa. Rakkaus tuntuu loppuvan, eikä parisuhde tyydytä enää.

ONKO RIIPPUVUUS PAHA ASIA?

Rakkaussuhteen ideaalina pidetään kahden ihmisen suhdetta, jossa kumpikin on vastuussa omasta onnellisuudestaan ja pärjää niin ollen yksinkin. Suhteessa on tuon logiikan mukaan kaksi ihmistä, jotka ovat antavia osapuolia ja jotka eivät ole riippuvaisia toisesta ihmisestä, rakastetustaan. En ole itse koskaan tavannut tuollaisessa ihannesuhteessa eläviä ihmisiä, eikä heitä uskoakseni ole olemassakaan. Yli-inhimillisen rakkaussuhteen ihanne lienee syntynyt riippuvuuden pelossa. Näemme paljon esimerkkejä riippuvuuden haitallisesta vaikutuksesta ihmissuhteisiin ja pyrimme hieman pakonomaisesti torjumaan kaikkea riippuvuuteen viittaavaa. Rakkaussuhteessa on kuitenkin myös positiivista riippuvuutta, älkäämme unohtako sitä.

Riippuvuus omasta kumppanista voi johtaa siihen, että kumpikaan ei saa riittävästi tilaa itselleen. Arkipäivästä tulee taistelutanner, jossa kumpikin hakee itselleen etuja toisen kustannuksella. Riidat pahenevat, ja kumpikin kokee itsensä loukatuksi. Ulkopuolisen mielestä suhde ei silloin muistuta enää rakkaussuhdetta, vaan yhdessä pitävä voima näyttää olevan viha ja aggressiivisuus.

Johanna ja Arttu ovat 36-vuotiaita akateemisen koulutuksen saaneita ja urallaan poikkeuksellisen hyvin menestyneitä ihmisiä. Heillä on kolme pientä lasta, joista vanhin on vasta kuusivuotias. He ovat äskettäin rakentaneet omakotitalon, ja onnellisen perheen kulissit ovat pystyssä. Kumpikaan ei kuitenkaan tunne itseään onnelliseksi. Johanna arvostelee miestään siitä, että tämä laiminlyö vaimoaan, koska ei ole seksuaalisesti kiinnostunut hänestä. Hän antaa Artun ymmärtää, että tämä on reppana ja eunukki. Arttu on raivoissaan Johannan loukkausten takia, mutta ei osaa muuta kuin paeta toiseen huoneeseen tekemään töitään. Perheen lapset eivät hekään voi hyvin, vaan ovat alkaneet sairastaa yhä enemmän.

Johanna ja Arttu ovat molemmat perheistä, joissa vanhempien suhde oli hyvin epätyydyttävä. Johannan vanhemmat erosivat joitakin vuosia sitten. Artun vanhemmat ovat edelleen yhdessä, mutta heillä on suuria vaikeuksia. On ymmärrettävää, että Johanna ja Arttu toivoivat välttävänsä vanhempiensa kohtalon. He tutustuivat hyvin nuorina, keskellä nuoruusiän kuohuntaa, ja takertuivat toisiinsa turvaa hakien. Vähitellen heidän suhteensa tukahtui toisen vahtimiseen ja arvosteluun, ja riippuvuus näytti heille huonommat kasvonsa. Vielä nytkin, keskellä kuohuvia riitoja ja onnettomuuden tunnetta, he ovat lujasti kiinni toisissaan.

Riippuvuuden negatiivinen puoli näyttää olevan sen kasvua ja kehittymistä haittaava vaikutus. Kumppanin muuttuminen tuntuu olevan itseltä pois, ja siksi sitä on vastustettava. Stressin lisääntyessä suhde tulee uuteen vaiheeseen, ja muutospaineet kasvavat ja synnyttävät ristiriitoja. Parisuhteen kohtalo riippuu siitä, miten haasteisiin vastataan. Onko seurauksena eipäs-juupas-elämä vai yhteinen kasvu parempaan elämään ja suhteeseen?

Kasvu on mahdollinen vain, jos sille annetaan tilaa. Kasvukriisiin joutuneen puolisolta vaaditaan paljon kärsivällisyyttä ja tuskallisten tunteiden kestämistä, mikäli pari aikoo selvitä haasteestaan. Puoliso voi tarvita tukea ihmissuhdeverkostoltaan tai ammattiauttajilta, sillä kumppani ei oman kasvunsa hetkinä voi tarjota tukea rakkaalleen.

Leena kasvoi syvästi uskovaisessa lappilaisessa kodissa. Nyt 43-vuotiaana hän muistaa lapsuutensa olleen täynnä kieltoja ja rajoituksia. Hän oli lapsena arka ja pelokas, ja hänen itsetuntonsa oli olematon. Aikuistuttuaan Leena hakeutui terapiaan, koska sosiaalinen jännitys teki hänen elämästään helvettiä. Hän oli aina jännittynyt ja kireä. Opiskellessaan Helsingissä hän tutustui Mattiin, joka osoittautui lähes naapurin pojaksi. Matti oli myös Lapista ja melko samanlaisesta uskovaisesta perheestä kuin

Leenakin. Kumpikin oli opiskelunsa alussa tehnyt pesäeron uskontoon.

Matti ja Leena päättivät mennä naimisiin. Leena koki saavansa turvaa Matilta, joka oli hyvin ystävällinen ja huomaavainen mies. Perhe-elämässä hän osoittautui Leenan mielestä pikkutarkaksi valittajaksi, jonka mielestä mikään ei ollut koskaan hyvin. Suurin ongelma oli heidän sukupuolielämänsä. Matti ei saanut, mitä halusi, sillä Leena ei ollut kiinnostunut seksistä. Leena sanoi sen johtuvan Matista, joka ei ollut seksuaalisesti kiinnostava. Leena kaipasi jämerää miestä, joka saisi hänet tuntemaan itsensä naiseksi.

Leena alkoi muuttua tultuaan keski-ikäiseksi. Hän halusi olla itsenäinen ja vapaa nainen. Matti piti Leenan puheita loukkaavina ja uhkaavina. Hän halusi jatkaa liittoa, mutta Leena kyseenalaisti kaiken. Jatkuakseen heidän suhteensa kaipasi perusteellisia muutoksia. Matti oli halukas muuttumiseen, ja hän ehdotti Leenalle parisuhdekeskusteluja psykologin luona.

Riippuvuus voi koitua suhteen kohtaloksi, mutta on hyvä muistaa, että riippuvuutta voidaan usein vähentää ja käyttää ponnahduslautana kasvuun. Tavoitteena ei tarvitse olla täydellinen riippumattomuus, sillä rakkaussuhteeseen liittyy aina jonkin verran riippuvuutta. Suhteen käsikirjoitus sisältää alun perin ajatuksen siitä, että mies ja nainen täydentävät toisiaan. Kumpikin kokee toisen tärkeäksi itselleen ja haluaa hänelle hyvää. Hyvä suhde on tyydyttävä, ja ihminen haluaa pitää siitä kiinni. Ajatus suhteen loppumisesta tai hylätyksi tulemisesta tuntuu silloin pahalta. Vuosien kuluessa pariskunta rakentaa yhteistä elämää ja antautuu siihen täysin rinnoin. Suhteesta ja perheestä tulee tukirakennelma, joka antaa voimaa kestää esimerkiksi työelämän paineita.

Kari ja Irja tutustuivat koulutuspäivillä lähes 20 vuotta sitten ja rakastuivat toisiinsa syvästi. He pohtivat joskus vieläkin, mikä heidän suhteensa alussa kosketti niin voimakkaasti heidän sisintään. Kumpikin muistaa suhteen alun aikana, jolloin he löysivät elämänsä aarteen. He eivät tarkoita aarteella toisiaan vaan suhdettaan, jossa kaikki tuntui loksahtavan kohdalleen. Alussa he tapasivat toisiaan vain muutaman päivän kuukaudessa, koska olivat töissä 300 kilometrin päässä toisistaan. Kari sai kuitenkin puolentoista vuoden seurustelun jälkeen työpaikan läheltä Irjaa. He muuttivat yhteen asumaan ja perustivat perheen. He saivat yhden lapsen, mutta halusivat lisää. Toista omaa lasta he eivät kuitenkaan enää saaneet, ja Irjan aloitteesta he ryhtyivät sijaisvanhemmiksi huostaanotetulle lapselle.

Irja kertoo olleensa jonkin verran mustasukkainen heidän suhteensa alussa, koska ei tuntenut Karia eikä tiennyt tämän elämästä ja arvoista tarpeeksi. Kari kertoo myös olleensa silloin epävarma heidän rakkaudestaan. Hän muistaa saaneensa paljon voimaa siitä, että he päättivät heti alussa olla avoimia toisilleen ja olla loukkaamatta toisiaan tarkoituksellisesti. Myönteisen huomion antamisesta toiselle tuli tapa, josta he molemmat saivat paljon energiaa. Se ei ollut mikään temppu vaan aito yritys huolehtia omasta aarteesta.

Kari ja Irja sanovat olevansa riippuvaisia toisistaan ja kokevansa riippuvuuden myönteiseksi. Kumpikaan ei koe suhteen rajoittavan elämää, eikä kumpikaan haluaisi elää ilman sitä. Kohta viisikymppiset Kari ja Irja uskovat, että edessä on vielä monta onnen vuotta tai vuosikymmentä.

Parisuhteen riippuvuus voi siis olla myös positiivista. Kumpikin pitää suhdetta tärkeänä ja haluaa panostaa siihen kaikin voimin. Suhteen loppuminen koetaan uhkana, minkä vuoksi suhteeseen panostetaan yhdessä.

MILLOIN ERO KÄYNNISTYY?

Rakkaussuhteen käännekohta on vaihe, jolloin suhde alkaa muuttua tyytymättömyyden kehäksi tai kun pariskunta löytää uuden, paremman yhdessäolon tavan. Tyytymättömyydessä on yleensä kyse sekä sisäisistä että ulkoisista tekijöistä. Ihmisen halu tulla rakastetuksi johtaa parisuhteessa suuriin odotuksiin ja odotuksia seuraaviin pettymyksiin. Parisuhteen odotukset ovat useimmiten melko primitiivisiä. Kumppanilta odotetaan ymmärtämistä ja rakkautta ilman, että edes kerromme omista haluistamme ja tarpeistamme.

Sadun prinssit ja prinsessat saavat elää onnellisina yhdessä elämänsä loppuun saakka, koska he ovat löytäneet toisensa, mutta parisuhteessa satujen romanttinen asetelma vie turmioon. Toimivassa suhteessa on otettava vastuuta omasta elämästään ja kerrottava tarpeensa myös kumppanille. Muutoin seurauksena on sarja pettymyksiä, jotka erottavat parin toisistaan.

Elämä tuo mukanaan myös suuren määrän ulkoisia muutoksia ja haasteita, joissa on pureskeltavaa jokaisen elämässä. Lasten syntymä, onnellinen perhetapahtuma, on esimerkki tapahtumasta, joka voi kriisiyttää suhteen ja johtaa eroon. Vanhemmuus edellyttää vastuuta ja lapsen tarpeiden asettamista etusijalle monien vuosien ajan. Vauvaikäisen vanhemmat ovat usein väsyneitä unen puutteen ja jatkuvan varuillaanolon takia. He eivät ehdi eivätkä jaksa huolehtia suhteestaan. Molemmat voivat kokea itsensä hylätyksi ja yksinäiseksi, eivätkä vanhemman sukupolven tai neuvolahenkilökunnan ohjeet tunnu aina auttavan. Tarjolla on vanhemmuuden ihanteita, jotka johtavat yhä suurempaan riittämättömyyden tunteeseen. Läheisyyden tunne aikuisten kesken hiipuu, ja omien tarpeiden vajaus voi johtaa riitoihin ja taisteluun omista eduista. Me-henki voi hävitä, mikä saa aikuiset etääntymään toisistaan entisestään.

Janne ja Lotta tulivat psykologin vastaanotolle, koska Janne oli alkanut valehdella Lotalle menoistaan. Valheet olivat paljastuneet Lotalle sattumalta. Lotta hoiti kotona kuuden kuukauden ikäistä poikaa, ja hän halusi myös Jannen olevan kotona auttamassa eikä antanut tälle lupaa mennä harrastuksiinsa. Jannella oli mieluisa urheiluharrastus, jota hän ei halunnut rajoittaa edes elämäntilanteen vuoksi. Hän halusi käydä kolmesti viikossa harrastamassa ja teki sen salaa, koska tiesi Lotan vastustavan. Hän kertoi Lotalle menevänsä töihin, koska se tuntui olevan hyväksyttävä selitys. Valheen paljastuttua Lotta uhkasi erolla ja Janne lupasi lopettaa harrastuksensa.

Parin kuukauden päästä Jannea alkoi kaduttaa lupauksensa, koska elämä alkoi tuntua liian rajoittuneelta. Hän kertoi tunteestaan Lotalle, mutta tämä ei halunnut kuulla ”moista itsekkyyttä”. Parisuhdeterapiassa terapeutti yritti kiinnittää huomion yhteiseen hyvää ja kehotti heitä välttämään taistelua siitä, mitä kumpikin sai tehdä. Lotan mielestä se oli huono neuvo. Hän toivoi terapeutin kertovan Jannelle, että nuoren isän on luovuttava omista menoistaan muutaman vuoden ajaksi. Terapeutti pyysi Lottaa miettimään asiaa vähän kauaskantoisemmin. Lotta ei sitä halunnut, ja käynnit terapeutin luona päättyivät – kuten päättyi myös Jannen ja Lotan avioliitto. Lotta haki eroa, koska oli hyvin loukkaantunut Jannen tapaan laiminlyödä perhettä.

Vanhemmaksi tuleminen ja oman elämän aloittaminen tuovat mukanaan monia rasittavia muutoksia. Ne saattavat olla monelle parisuhteelle liian suuria ja vaativia. Elämän muutosvaiheessa on vaikeaa nähdä asioita laajasti. Nuorten perheiden suurimpia haasteita on moniin ulkoisiin odotuksiin vastaaminen juuri silloin, kun suhde on herkässä kehitysvaiheessa. Uran luominen tai opiskelu, kodin rakentaminen ja lasten syntymät osuvat samoille vuosille. Omat halut ja tarpeet karkaavat kauas, mikä johtaa vähittäiseen tyytymättömyyden lisääntymiseen ja hallitsemattomiin tapahtumiin vuosien kuluessa.

Ero on sarja tapahtumia ja valintoja. Parisuhde voi muuttua hyvistä pyrkimyksistä huolimatta niin epätyydyttäväksi, että se halutaan lopettaa. Sanotaan, että suhde kuoli. Voisi myös sanoa, että toinen tai kumpikaan ei kokenut tulleensa rakastetuksi.

ITSERAKKAUTTA VAI ITSEKKYYTTÄ

Neuvona kestävälle suhteelle tarjotaan epäitsekkyyttä tai itsensä rakastamista. Nykyajan nuoria aikuisia moititaan omaa etua tavoitteleviksi kuluttajiksi, jotka ovat tottuneet saamaan kaiken tavaran, joka on tarjolla. Parisuhteeseen suhtaudutaan samoin kuin tavaraan. Suhde tyydyttää vain jonkin aikaa, ja se vaihdetaan uuteen sen alkaessa kyllästyttää. Suhteen päättyessäkin vain oma onni tai onnettomuus määrää kaikkea toimintaa, minkä vuoksi lasten etu jää erossa usein toiseksi.

Kieltämättä onkin niin, että aikuisten parisuhdetta, avioliittoa, tarkastellaan melko erillisenä ilmiönä ottamatta huomioon suhteessa syntyneitä lapsia. Lehdistö käsittelee julkisuuden henkilöiden eroja kuin lapsia ei olisikaan. Parisuhdetta ravistelee tuon näkemyksen mukaan liiallinen aikuisten itsekkyys ja oman edun tavoittelu. Vastapainoksi on ehdotettu eron saamisen vaikeuttamista ja pakkosovittelua.

On selvää, että identiteettikriisissä olevan ihmisen käyttäytyminen on itsekästä ja henkilökohtaisia tarpeita korostavaa. Omien tarpeiden tyydyttäminen tuntuu kriisin aikana välttämättömältä, koska niiden tyydyttäminen on ollut aiemmin mahdotonta. Syynä on ihmisen halu tulla rakastetuksi samoin kuin lapsena. Kukaan ei valitettavasti tule hyväksytyksi juuri sellaisena kuin on, ei edes pienenä lapsena. Sen vuoksi jokainen kehittää jo kolmen neljän vuoden iässä toimintatapoja, joilla saa rakkautta kasvattajiltaan. Nuo toimintatavat tai sopeutumiskeinot ovat kuitenkin ristiriidassa omien alkuperäisten tarpeidemme kanssa, ja siksi pyrkimys saada rakkautta parisuhteessa ei pitkän päälle toimi vaan johtaa sisäiseen ristiriitaan. Lääkkeeksi voidaan tarjota suurempaa itsetuntemusta ja itsensä rakastamista.

Omien tarpeiden tunnistaminen ja itsensä huomioiminen johtaa parempaan elämänhallintaan ja toimivampiin ihmissuhteisiin. Itsensä rakastaminen on siten parisuhteelle hyväksi. Omien tarpeiden kieltäminen taas johtaa tilanteeseen, jossa ihminen itsekkäästi yrittää tyydyttää tarpeitaan toisten kustannuksella.

Luku 6

Erokriisi – Uusi mahdollisuus

Erotessani vaimostani olin ihan eksyksissä.
Kukaan ei kertonut, miten selviän.

Tim, 41 v

Olin hyvin huolissani tyttärestäni Minnasta, kun hänen miehensä hylkäsi hänet toisen naisen takia. Onneksi Minna sai apua eroryhmästä ja näyttää voivan nyt todella hyvin. Se tuntuu ihan uskomattomalta.

Anja, 56 v

I VAIHE

Erokriisin jäsentäminen

Erokriisi on hyvin positiivinen asia. Se pakottaa eronneen tekemään monia asioita, jotka vievät eteenpäin, kohti uutta elämää. Kriisi kannattaa jäsentää askelmiksi, joiden kulkeminen johtaa pikku hiljaa omien näkemysten laajenemiseen ja eron tuskan haalistumiseen. Noiden askeleiden ottaminen vie jonkin verran aikaa, yhteensä joitakin vuosia. On erittäin tärkeää, että et lähde eteenpäin yksin. Tarvitset ehdottomasti tukea voidaksesi hyödyntää erokriisin tuomat mahdollisuudet. Tavoitteena ei ole välttää epämiellyttäviä tunteita, vaan lisätä itsetuntemusta. Kriisi antaa siihen hyvät mahdollisuudet avaamalla ovia sisimpääsi. Seuraava luettelo antaa kuvan siitä, miten voit toimia pilkkoaksesi eron möykyn pienempiin osiin.

Kartoita sosiaalinen verkostosi

Sinusta voi tuntua, kuten monista juuri eronneista, että olet melko yksin maailmassa. Tee luettelo ihmisistä, joiden kanssa olet ollut ystävyyssuhteessa elämäsi aikana. Kartoita myös sukulaiset ja mieti, onko lähipiirissäsi eronneita ihmisiä. He voivat olla arvokas tuki asioiden työstämisessä. Tarkoitus on, että käytät apunasi ystäviä ja sukulaisia käsitelläksesi erokokemusta. Kertomalla erostasi olet jo ottanut pienen askeleen eteenpäin.

Monille olemassa oleva ihmissuhdeverkosto käy riittämättömäksi, koska kaikilla ei ole voimavaroja käsitellä eroa rakentavasti eivätkä kaikki osaa kuunnella sinua. Hae siis itsellesi uusia ystäviä tai verkostoa eronneiden joukosta. Et ole yksin. Suomessa on joka vuosi kymmeniätuhansia parisuhteensa päättäneitä ihmisiä lisää.

Mieti, mikä on rakentavaa toimintaa

Moni eronnut pilaa mahdollisuutensa hätiköimällä. Tunteet ovat varmasti pinnassa, mutta sinulla on edelleen myös järkeä. Käytä sitä! Moni eroon liittyvä asia vaatii harkintaa. Omaisuuden jako, lasten huolto ja tapaaminen ovat tästä esimerkkejä. Eron tiimellyksessä ei kannata sotkea asioita. Kukaan ei voi olla eronsa asiantuntija. Käytä siis ulkopuolisia asiantuntijoita. Melko harva pääsee sopuun asioistaan omin neuvoin, ja Suomessa on viranomaisverkosto, joka on maksutta jokaisen käytössä. Melko harvoin tulee tarve kääntyä juristin puoleen. Mikäli omaisuutenne on huomattava tai olette sidoksissa toisiinne esimerkiksi yhteisen yrityksen kautta, kannattaa käyttää myös lakimiehen palveluita. Niihin joudutaan turvautumaan usein myös silloin, kun asiat riitautetaan.

Asioiden lisäksi myös eron tunteita voi käsitellä rakentavasti. Kostaminen ei auta. Aggressiiviset teot pitkittävät eroprosessia ja aiheuttavat usein uusia ongelmia. Käytä suurta harkintaa, jos sinusta tuntuu, että haluat lähteä koston tielle. Muista, että parhaat ystävät auttavat sinua selviytymään eivätkä kannusta sinua sitoutumaan vihaasi.

Mene itseesi

Moni tapahtunut asia voi tuntua epäoikeudenmukaiselta. Kumppanisi on saattanut loukata sinua monin tavoin. Kärsimäsi vääryyden vuoksi sinusta saattaa tuntua siltä, että kaikki syy suhteen haaksirikkoon onkin toisessa. Neuvon sinua kuitenkin keskittymään omaan kasvuusi ja itsetuntemuksesi lisäämiseen, sillä se on tie, joka vie elämässä eteenpäin.

Olet osallistunut suhteesi vaiheisiin alusta alkaen ja vaikuttanut osaltasi yhteiseen elämäänne. Mieti, miksi lähdit suhteeseen ja miten toimit siinä saadaksesi rakkautta. Sinulla on opittavaa, jotta osaat toimia ensi kerralla toisin. Ihmiset, jotka näkevät syyn suhteen päättymiseen vain kumppanissaan, toistavat itseään myös jatkossa. Itseensä meneminen ei tarkoita syyn hakemista vain itsestä, eikä syyllisen nimeäminen tee erosta ylipäätään helpompaa.

Suojele itseäsi

Ero on haavoittava kokemus. On tärkeää suojella itseään vielä suuremmilta tai uusilta loukkauksilta. Tarvitset nyt ystäviä jakaaksesi tunteitasi ja ajatuksiasi. Saatat kuitenkin tutustua ihmisiin, jotka kaipaavat myös rakkaussuhdetta – ehkä olet jo tutustunut uuteen rakastettuun. Muista, että olet epävakaassa tilassa kriisin takia. Kukaan ei kiellä sinulta seurustelua tai sukupuolielämää. Ainoa asia, mitä sinun on erityisesti varottava, on liian pikainen sitoutuminen uuteen parisuhteeseen. Sitoutuminen tarkoittaa esimerkiksi avioitumista tai perheen perustamista. Anna itsellesi aikaa sopeutua ja oppia uusia asioita tulevia vuosiasi varten. Eron jälkeen sinulla on suuri mahdollisuus solmia kestäviä suhteita, jos käytät tilaisuutesi oikein. Toisaalta saatat menettää mahdollisuutesi, jos et pysty oppimaan menneestä.

Panosta tulevaisuuteen – älä menneisyyteen

Erottuasi sinun kannattaa keskittyä niihin asioihin, jotka rakentavat uutta elämääsi. Älä jää jossittelemaan, miten sinun olisi pitänyt toimia. Irrottaudu vanhasta ja tee jokaisesta päivästäsi uuden elämäsi mukainen. Sisusta kotisi uudelleen tai vaihda asuntoa. Ota aikaa itsellesi ja tee joka päivä jotain mukavaa.

Tulevaisuus on kuitenkin edessäsi vasta, kun olet surrut eroon kuuluvan surun. Olet luopunut paljosta. Voit jättää menneisyytesi vain suremalla, ja siihen tarvitset muita ihmisiä ja suremisen työkaluja. Ympäristö ei aina ymmärrä eronneen surua eikä osaa tukea siinä. Varo kemiallisia keinoja helpottaa pahaa oloa, sillä suru ei ole sama kuin masennus. Lääkkeet tai päihteet eivät auta suremaan, vaan voivat sen sijaan estää sen.

Älä pakota itseäsi toimimaan vastoin sydäntäsi

Olet vihainen, ainakin, jos sinut hylättiin. Älä yritä erota ystävänä, jos sydämesi on vihasta musta. Sinulla on oikeus olla vihainen. Purettuasi vihaasi riittävästi pääset tilanteeseen, jossa voit olla ystävä sinut hylänneen ihmisen kanssa. Se voi viedä paljon aikaa. Viha ja aggressiivisuus ovat eri asioita. Älä anna vihasi tuhota lastesi elämää, omaa tai entisen puolisosi elämää.

Syyllisyys voi saada sinut tekemään asioita, joita kadut myöhemmin. Olet saattanut aiheuttaa suurta tuskaa läheisillesi. On asiaan kuuluvaa tuntea syyllisyyttä, mutta sen ei pidä kuitenkaan johtaa siihen, että yrität päästä syyllisyydestä luopumalla omista tarpeistasi.

Älä tapa itseäsi

Moni eronnut pohtii itsemurhaa. Se on tilastollisesti normaalia. Itsemurhaan päätyminen voi johtua siitä, että asioita pohtii vain omassa päässä. On tärkeää saada etäisyyttä synkkiin mietteisiinsä kirjoittamalla ne paperille tai puhumalla ystävälle tai ammattiauttajalle. Ota tarvittaessa yhteys kriisipalveluun tai vaikkapa palvelevaan puhelimeen.

> En uskonut, kun kerroit päättäneesi
> erota minusta. Luulin, että kyseessä on
> väärinkäsitys. Ihmettelin rauhallisuuttasi,
> kun puhuit erosta. Olin itse aivan sekaisin
> ja paha olo valtasi minut sekä fyysisesti
> että psyykkisesti. Mielessäni kävin läpi
> koko kuuden vuoden suhteemme. Tunsin
> pohjatonta alakuloa, kun mietin hyviä

hetkiämme. Tulin päivä päivältä ja viikko viikolta surullisemmaksi, kun huomasin, että paluuta yhteiseen elämään ei ole. En osannut kertoa ajatuksiani ja tunteitani kenellekään. Ryypiskelin itsekseni ja oloni vain paheni. Krapulapäivinä pohdin itsemurhaa.

Kirjoitin koko ajan päiväkirjaa. Se taisi olla pelastukseni. Sain itsestäni ulos surua ja vähän vihaakin. En tosin koskaan tuntenut vihaavani sinua. Ymmärrän, että sinulla oli omat syysi päättää suhteemme. Et ollut onnellinen kanssani. Olin liian sitova ja rajoitin vapauttasi olla ihminen ja nainen. Olen siitä pahoillani.

Vähitellen uskalsin puhua erostamme myös ystäville. Olin yllättynyt siitä, että he olivat niin osaa ottavia. Sain jakaa tunteiden taakan toisten kanssa. Se helpotti. Olen edelleen surullinen, enkä voi edes ajatella tilallesi ketään toista. Olit elämäni suuri rakkaus. Sydämeni on riekaleina, mutta uskon vähitellen toipuvani. Olet minulle edelleen hyvin rakas.

Kimmo

II VAIHE

Eron jälkeinen elämä

Eron jälkeiset kuukaudet ovat vaikeita ja tuskallisia, jos sinut on hylätty. Pahin tuska ja ahdistus helpottaa kuitenkin vähitellen. Monet kokevat kolme ensimmäistä kuukautta vaikeimpina. Erot ovat kuitenkin erilaisia eikä mitään tarkkaa aikataulua voi antaa. Jättäjälle vaikeimmat hetket voivat olla jo paljon ennen varsinaista eroa. Hän saattaa tosin joutua palaamaan eron tuskiin vielä paljon konkreettisen eron jälkeenkin.

On tärkeää, että näet asioiden muuttuvan ja menevän eteenpäin. Etenet koko ajan eron tiellä ja vahvistut ihmisenä itsetuntemuksen lisääntyessä. Keskity itsesi arvostamiseen ja anna myönteistä palautetta itsellesi. Kasva ihmisenä opiskelun, lukemisen ja harrastusten avulla. Solmi ihmissuhteita, jotka antavat sinun tutkia itseäsi ja löytää itsesi yhä paremmin. Tässä toisessa eron jälkeisessä vaiheessa voit taas keskittyä sen tuomiin haasteisiin ja mahdollisuuksiin yksi asia kerrallaan.

Päätä, millainen ihminen haluat olla

Suhteesi päättyminen saattoi johtua sinun tai kumppanisi muuttumisesta ja kasvamisesta. Vaikka kasvu on ihmissuhteille välillä rasittavaa, on se myös mahdollisuus parempaan elämään. Elämän varrella voit vaikuttaa yhä enemmän siihen, millainen ihminen haluat olla. Sinä itse päätät siitä, eikä kukaan ulkopuolinen voi enää määritellä elämää puolestasi. Kuuntele siis, mitä haluat ja tee rakentavia uudistuksia arjessasi ja ihmissuhteissasi. Itsensä kuunteleminen ei kuitenkaan tarkoita sitä, että sinun pitää saada kaikki, mitä haluat.

Ole assertiivinen eli puolesi pitävä. Hyvässä ihmissuhteessa kumpikin pitää huolta omista tarpeistaan eikä suostu toisen hyväksikäytön kohteeksi. Voit pitää puolesi empaattisella tavalla, hyökkäävä sinun ei tarvitse olla. Puolesi pitäminen tarkoittaa, että osaat luoda itseäsi suojaavat rajat.

Luo kasvattavia suhteita

Millainen on unelmiesi parisuhde erosi jälkeen? Haluatko saada asioita, joita et saanut päättyneessä suhteessasi? Ehkä haluat läheisyyttä, ystävyyttä ja intohimoa, kuten niin monet muutkin. Erosta oppineena voit myös saada toivomasi asiat, sillä ne tulevat palkintona avoimesta ajatusten ja tunteiden ilmaisemisesta. Rakastuessasi toiseen ihmiseen on suhteessasi paljon avoimuutta. Säilytä se myös rakastumisen jälkeen pitämällä huolta tunteiden ilmaisemisesta. Uskalla kertoa, mitä ajattelet.

Sinun ei tietenkään tarvitse luoda rakkaussuhdetta, jos elät mieluummin sinkkuna. Sinkkuelämän vapaus kiehtoo joitakin ihmisiä, erityisesti naisia. Monet solmivat kuitenkin ennen pitkää uuden, sitoutuneen parisuhteen. Käytyäsi erosi kunnolla läpi olet uudessa suhteessasi vahvoilla.

Muista, että uusperhe on iso haaste kaikille

Eron jälkeiset suhteet ovat usein osa uusperhettä. Uusperhe voi onnistua ja elää tasapainoista elämää, mutta se vaatii paljon ponnisteluja. Joskus myös entisen elämän hahmot pyrkivät romuttamaan hyvän yrityksen.

Uusperheessä, jossa on lapsia entisestä suhteesta tai suhteista, suurin haaste on luoda sukupolvien väliset rajat ja vahva parisuhde. Moni yritys kaatuu siihen, että uusi kumppani ei tunnu mahtuvan perheeseen. Hän ei saa riittävän vahvaa asemaa ja kokee itsensä ulkopuoliseksi.

Merja ja Lasse seurustelivat jo neljättä vuotta. He asuivat välillä yhdessä, mutta molemmilla oli oma asunto. Lassen 14-vuotias tytär, Sini, asui isänsä kanssa. Merja kertoi Sinin vähätelleen hänen asemaansa kahdenkeskisissä keskusteluissa. Sini antoi Merjan ymmärtää, että tämä oli liikaa heidän perheessään. Merja puhui asiasta Lasselle, joka ei uskonut Merjaa. Merjan kärsivällisyys oli lopussa, kun Lasse asettui Sinin puolelle päätettäessä kesäloman vietosta. Sini vastusti suunnitelmaa, jonka Merja ja Lasse olivat tehneet aiemmin.

Uusperhe voi onnistua, jos parisuhde on suhteista vahvin. Sen tulee kestää sekä sukulaisten, entisten kumppaneiden että lasten hyökkäykset, joita on odotettavissa. Pyri pitämään parisuhteesta hyvää huolta, kun olet solminut uuden suhteen. Käykää parisuhdekursseilla ja ottakaa huomioon toistenne toiveet. Älkää tyytykö tavanomaiseen. Tehkää unelmistanne totta.

Luku 7

Oletko selviytynyt?

Halusin eroon Timpasta ja pääsinkin. Jostain syystä elämä ei kuitenkaan tunnu miltään.

Sari, 41 v

Tiedän, että olen selviytynyt erosta. Se oli elämäni käännekohta. Olen nyt oman elämäni sankari.

Juuso, 39 v

MITÄ EROSTA SELVIYTYMINEN TARKOITTAA?

Ihmissuhdeammattilaiset ajattelevat yleisesti, että jopa enemmistö eronneista jatkaa elämäänsä melko lailla entiseen tapaan rakentaen sitä aikaisemman parisuhdelogiikan varaan. Moni eronneista on kokenut epäonnistuneensa, mikä on ollut haavoittava tai itsetuntoa pysyvästi vaurioittava kokemus. Osa eronneista on aloittanut jo avioliittonsa aikana rinnakkaissuhteen, joka on jatkunut eron jälkeenkin. He ovat siten siirtyneet suhteesta toiseen kuin näyttelijä, joka esittää entistä rooliaan uudella näyttämöllä.

Näyttää siis siltä, että suurin osa ei selviydy erostaan kunnialla. Erosta selviytyminen on ainakin ammattilaisten näkökulmasta sitä, että ero muuttaa elämää paremmaksi ja antaa samalla mahdollisuuden solmia kestävämpiä suhteita. Tähän tavoitteeseen näyttää olevan melko vaikea päästä turvautumatta ihmisiin, jotka osaavat tukea oikeaan suuntaan.

Eronneiden suuren enemmistön näkemykset eron onnistumisesta tai siitä selviytymisestä voivat olla aivan toisenlaisia kuin ammattilaisilla. Selviytymistä voidaan arvioida monesta näkökulmasta. On varmasti totta, että joillekin eronneille entinen suhde on ollut kärsimystä, koska he ovat joutuneet hyväksikäytetyiksi. Parisuhde on saattanut olla väkivaltainen, eikä siitä ole ollut muuta ulospääsyä kuin ero.

Tutkimusten mukaan perheväkivalta eri muodoissaan on melko tavallista, ja siihen syyllistyvät sekä miehet että naiset. Väkivallan loppuminen on tietenkin voitto, ja sen jatkuminen uudessa parisuhteessa on kirvelevä tappio. (Tämän teoksen tarkoitus ei ole käsitellä perheväkivaltaa, mutta tiedostan sen olemassaolon ja vaikutuksen eroihin.) Väkivaltaa ei voi hyväksyä. Sen syitä on kuitenkin ymmärrettävä, jotta siihen voidaan vaikuttaa. Väkivaltaa ei pidä hyväksyä eroprosessissa, vaikka vihaa onkin silloin erityisen vaikea hallita.

Yhteiselämä voi olla monesta syystä hyvin epätyydyttävää. Taloudelliset vaikeudet, terveyden romahtaminen, jatkuva uskottomuus, rikollisuus ja kumppanin laiminlyönti ovat esimerkkejä asioista jotka vievät suhteen karikolle. Usein on parempi lopettaa yhteiselämä kuin elätellä turhia toiveita asioiden korjaantumisesta. Raskaiden vuosien jälkeen ero voi tuntua suurelta helpotukselta. Silloinkin on kuitenkin syytä muistaa, että erosta selviytyminen mitataan vasta tulevina vuosina.

SELVIYTYMINEN VIE AIKAA

Menetyskriisistä toipuminen on luontainen prosessi. Menetykseen liittyvät voimakkaat tunteet haalistuvat ja elämään uudelleen suuntautuminen voimistuu. Tutkimuksissa on todettu, että ajalla on suuri merkitys eroon sopeutumisessa. Normaalisti eroon sopeudutaan muutamassa vuodessa, mutta osa eronneista jää jollain tavoin erokriisinsä vangiksi eikä selviydy siitä. Perheneuvojille ja psykoterapeuteille on melko tavallista tavata vastaanotollaan ihmisiä, joiden erosta on useita vuosia tai jopa vuosikymmeniä, mutta jotka kuitenkin puhuvat siitä kuin se olisi tapahtunut edellisellä viikolla. He eivät ole voineet jättää taakseen katkeraa kokemustaan, mikä on poikinut uusia ihmissuhdeongelmia ja sairauksia.

Suurimpana syynä eroon juuttumiseen on mielestäni suomalainen eroamisen kulttuuri, joka ei näe tai ei halua nähdä eron aiheuttamaa ihmissuhdekriisiä. Sen vuoksi useimmat erokriisissä olevat – niin aikuiset kuin lapset – jäävät vaille tarvittavaa tukea. Saattaa olla, että lainsäädäntömme tarjoaa väärän signaalin eron käsittelyyn. Lain mukaan ero on lähinnä järjestelykysymys, jossa aikuiset järjestävät elämänsä uudelleen sopimalla omaisuuteen, asumiseen ja lasten huoltoon liittyvät asiat.

Eroon on kuitenkin liitetty harkinta-aika, joka on vähintään puolen vuoden pituinen. Työssäni näen ani harvoin harkinta-ajan todella merkitsevän harkintaa. Pikemminkin näyttää olevan niin, että harkinta-aikana käydään tulisimmat kiistat eroon liittyvissä asioissa. Näyttää siltä, että lakia ei ole tehty ihmisiä varten, vaikka siinä onkin monia parannuksia edelliseen avioliittolakiin verrattuna.

Syyllisyyskysymysten poistaminen laista on ollut selvä parannus. Jostain syystä asiaa yritetään saada takaisin lakiin EU:n lainsäädäntöä yhdenmukaistettaessa. Lain mukaan etusijalla erossa on lapsen etu. Käytännössä lapset jäävät kuitenkin helposti riitelevien vanhempiensa armoille. On ymmärrettävää, että vanhempien on vaikea nähdä selkeästi lastensa etua erokriisin akuutissa vaiheessa eli silloin, kun eroon liittyviä päätöksiä tehdään. Perheasiain sovittelun laajempi hyödyntäminen ja jopa sen tyrkyttäminen olisi lasten edun mukaista.

SELVIYTYMISEN MERKIT

Selviytyminen näkyy erityisesti itsetuntosi selvänä nousuna. Eron akuutissa vaiheessa itsetuntosi laskee hyvin alas, ja varsinkin hylätyksi tulemisen kokemus on raskas. Toisaalta myös useimmat jättäjät joutuvat kokemaan saman, mikä johtuu heidän syyllisyydestään ja ympäristön tuomista paineista. Tutkimusten mukaan ero on yhtä vaikea kaikille eronneille.

Eron tapahduttua voi itsetuntoa alkaa kohottaa vähitellen. Se ei tapahdu kuitenkaan itsestään vaan aktiivisella työllä. Eronneen on tärkeää löytää itsestään myönteisiä asioita, koska siten hän voi korvata ajatusmalleja, joissa hän vähättelee itseään. Samalla hän on vastaanottavaisempi myönteiselle huomiolle.

Saat itsetuntosi takaisin antamalla myönteistä huomiota muille ja ottamalla sitä vastaan. Oikeastaan voisimme puhua itsetunnosta laajemmin itsensä rakastamisena eikä vain omanarvontuntona. Se tarkoittaa, että voit hyväksyä itsesi kokonaisena ihmisenä hyvine ja huonoine puolinesi. Se tekee sinusta kiinnostavamman ihmisen, ja muut haluavat seuraasi. Mainittakoon, että Fisherin eroseminaarissa osanottajien itsetunto kohoaa 10 viikon aikana silmin nähden.

Selviytymisesi näkyy myös uudelleen suuntautumisena elämään. Alat rakentaa uutta elämääsi etkä haikaile entisen perään. Teet itsenäisiä ratkaisuja ja asteittaisia parannuksia arkeesi. Elämäsi on nyt itseohjautuvaa ja perustuu sinun omiin tarpeisiisi. Kohonnut itsetunto voi auttaa sinua löytämään uusia harrastuksia, koulutusta tai uuden ammatin. Anna kuitenkin itsellesi riittävästi aikaa, jotta et paina surua pois mielestäsi liian pian. Surematon suru ei kerro selviytymisestä.

Eron viha on suurimpia kompastuskiviä. Varsinkin jätetty ja petetty puoliso voi joutua sen vangiksi vuosikausiksi. Vähitellen huomaat, että entinen kumppanisi ei herätä enää voimakkaita tunteita, vaan saatat jopa ajatella asioita hänenkin näkökulmastaan. Mahdutte entisen kumppanin kanssa taas saman pöytään, kuten lastenne vuosijuhliin, häihin jne.

Katri koki parisuhteessaan katkeran pettymyksen, kun hänen aviomiehensä ja yrittäjäpuolisonsa Pauli aloitti salasuhteen heidän yrityksensä työntekijän kanssa. Saatuaan suhteen selville Katri haki eroa. Pauli taas valitsi uudeksi kumppanikseen Astan, työntekijänsä. Erossa myös yritys jaettiin ja Katri jäi hoitamaan sitä yksin. Pauli meni palkkatyöhön ja avioitui Astan kanssa. Katri oli Paulille hyvin vihainen useita vuosia. Heidän vanhimman tyttärensä lakkiaisjuhlat piti jakaa kahteen paikkaan, jotta Katrin ei tarvinnut tavata Paulia tai Astaa. Nähdessään Astan kadulla Katri sai fyysisiä vihareaktioita. Heidän toisen lapsensa lakkiaiset järjestettiin kahden vuoden päästä jo yhdessä tilassa. Katri kertoi niiden menneen todella hienosti.

Uskaltautuminen uuteen, läheiseen suhteeseen eron jälkeen on yksi selviytymisen merkki. Eronneen rakkaushaava on pitkään arka, eikä uuteen parisuhteeseen uskalleta antautua. Uusi suhde ei voi onnistuakaan, mikäli siihen ei uskalla mennä avoimin mielin ja ilmaista aidosti tunteitaan. Suhde syntyy yleensä vain oman aktiivisuuden kautta. Hakeutumalla muiden seuraan teet uuden rakkaussuhteenkin mahdolliseksi. Ne, jotka ovat vaihtaneet kumppania "lennossa", huomaavat myös uuden suhteensa haasteet. Uusi suhde vaatii toimintaa tai työtä, jotta se saa ilmaa siipiensä alle vielä ihastumisvaiheen jälkeenkin.

Seuraavassa joitakin kysymyksiä, joilla voit mitata erosta selviytymistäsi:

1)	Olen viehättävä ihminen.	kyllä □	ei □
2)	Viihdyn muiden ihmisten seurassa.	□	□
3)	Nukun yöni rauhallisesti.	□	□
4)	Ymmärrän nyt, miksi suhteemme johti eroon.	□	□
5)	Entisen kumppanin tapaaminen ei ole vaikeaa.	□	□
6)	Minulla on hyvä ruokahalu.	□	□
7)	Olen oppinut virheistäni.	□	□
8)	En syytä entistä kumppania erostamme.	□	□
9)	Kaipaan aitoa läheisyyttä.	□	□
10)	Tiedän osaavani ratkaista useimmat ongelmani.	□	□
H)	Minulla on hyvä harrastus.	□	□

12)	En ole enää erosta surullinen.	□	□
13)	Olen puhunut erosta lasteni kanssa.	□	□
14)	Elämässä on paljon iloa.	□	□
15)	Ero oli kasvattava kokemus.	□	□

Olet selvinnyt pitkälle, mikäli voit vastata "kyllä" edellä oleviin kysymyksiin. Olet vielä alkumatkalla, mikäli vastaat moniin kysymyksiin "ei".

EHKÄ HALUAT ENEMMÄN

Erosta selviytyminen on sitä, että elämäsi on taas tasapainossa eikä menetyksen aiheuttama kriisi vie voimavarojasi. Selviytyminen ei kuitenkaan takaa, että olisit vahvemmilla uusissa rakkaussuhteissasi. Erokriisi voi auttaa lisäämään itsetuntemusta ja oppimaan uusia asioita läheisistä suhteista. On mahdollista, että olet eron jälkeen eri ihminen kuin ennen eroa ja voit solmia uudenlaisia parisuhteita. Et toista itseäsi valitsemalla samanlaisen kumppanin kuin aikaisemmin tai valitsemalla hänen vastakohtansa. Uudenlainen suhde on sitä, että olet vapaa valitsemaan sellaisen suhteen, jossa toimit aidommin ja avoimemmin omista tarpeistasi käsin.

Useimmat ihmiset toivovat parisuhteelta arkisten asioiden jakamista, ystävyyttä ja rakkautta. Et saa niitä etsimällä ihmistä, joka antaa ne sinulle. Saat ne vain, jos uskallat antautua rakkaussuhteeseesi kertomalla ajatuksesi ja tunteesi toiselle. Erokriisi tekee itsensä tutkiskelun mahdolliseksi tavallista paremmin. Voit oppia tunnistamaan paremmin tunteesi ja ilmaisemaan ne selkeämmin. Tämä koskee erityisesti vihan tunteiden rakentavaa ilmaisemista. Sinun ei tarvitse pyrkiä suhteeseen, jossa ei koskaan riidellä, vaan suhteeseen, jossa vihan tunteet tunnistetaan ajoissa ja kerrotaan toiselle. Seurauksena on läheisyyden tunteen lisääntyminen ja kummankin osapuolen parempi, empaattinen puolensa pitäminen.

Parisuhde on vaativa ihmissuhde, joka edellyttää siinä olevilta jatkuvaa toimintaa suhteen puolesta. Eron jälkeen ihmiset ymmärtävät tämän entistä paremmin. Päättynyt suhde on monille osoitus suhteeseen ja elämään kohdistuneista vääristä odotuksista. Eron jälkeen ihminen oppii kuitenkin ottamaan enemmän vastuuta omasta elämästään ja vaikuttamaan elämäänsä itse, odottamatta onnea toiselta. Eipä silti – olet erosi jälkeen edelleen altis toimiman romanttisen tunteen vallassa, kun tapaat ihastuttavan ihmisen. Sen vuoksi sinun kannattaa käyttää myös järkeä solmiessasi suhteita ja tehdessäsi niihin liittyviä päätöksiä.

Aino, 34 v, erosi jo kaksi vuotta sitten, mutta lähti eroseminaariin vasta entisen miehensä solmittua uuden liiton. Hän huomasi vasta nyt olevansa todella yksin ja kaipaavansa myös kumppania. Hän alkoi etsiä uutta miestä lähes epätoivon vimmalla. Hän löysikin uusia miesystäviä helposti, koska oli ulkoisesti hyvin viehättävä nainen. Pettymykset seurasivat toisiaan, koska miehet eivät halunneet samoja asioita kuin Aino. Vähitellen Ainolle alkoi selvitä, että hän tarvitsee kumppanikseen miehen, jonka kanssa hän voi kasvaa yhdessä. Hän alkoi miehiä tavatessaan keskustella entistä enemmän siitä, mitä itse halusi elämältään ja suhteeltaan, ja siitä, mitä miehet vastaavasti halusivat. Hänen kriteerinsä miesten suhteen kasvoivat, mutta hän tiesi olevansa oikealla tiellä.

Ursula erosi Villestä vuosi sitten. Hän kuvasi liiton hyvin epätyydyttäväksi, koska heillä ei ollut Villen kanssa mitään yhteistä. Ville eli omaa elämäänsä ja oli paljon poissa kotoa kavereittensa kanssa. Ursula vietti lomatkin ilman miestään kahden lapsensa kanssa. Nyt Ursula kaipaa miestä rinnalleen, mutta kynnys tutustua miehiin on noussut hyvin korkealle. Hän ei tiedä, mistä se varsinaisesti johtuu, mutta pelkää kuitenkin olevansa liian ruma houkutellakseen miehiä ottamaan kontaktia. Itse hän ei voi olla aloitteen tekijä, koska on saanut hyvin perinteisen kasvatuksen.

Ursula on viime aikoina tutustunut miehiin netin keskustelupalstoilla. Hän ei tiedä, voiko nettituttavuuksiin luottaa. Hän kertoo kuitenkin huomanneensa, että kaikki miehet eivät olekaan kuten Ville. Hän on löytänyt monia kasvusuuntautuneita miehiä, jotka haluavat elää tasapainoista perhe-elämää. Villen kaltaiset seikkailijat kiinnostivat häntä nuorempana, mutta nyt hän haluaa rauhoittua ja jakaa arkea toisen aikuisen kanssa.

Ainon ja Ursulan tapaan moni eronnut nainen ja mies huomaa miettivänsä entistä enemmän parisuhteensa laatua. Suhteelle asetetut odotukset kasvavat, mutta samalla myös kyky vaikuttaa suhteen kehittymiseen lisääntyy suuresti.

OLETKO VÄHÄÄN TYYTYVÄINEN?

Riitta kertoi eroseminaarin tapaamisessa olevansa vähään tyytyväinen, millä hän tarkoitti seuraavaa parisuhdettaan. Hänelle riittäisi hyvä arki, jossa voi jakaa ajatuksiaan ja kertoa kuulumisiaan työpäivän jälkeen. Miehen ei tarvitse olla sadun prinssi, ei komea eikä rikas, vaan ihan tavallinen, vastuuntuntoinen mies, joka osaa seisoa omilla jaloillaan. Riitta toivoo, että hänen suhteessaan on aitoa rakkautta.

Saman seminaarin toinen osanottaja, Marjo, ihmetteli moista vaatimattomuutta. Hänestä kenenkään ei pidä tyytyä vähään. Työelämässä hyvin menestyneenä naisena hän katsoo arvolleen sopivaksi saada kumppanikseen todellisen menestyjän "eikä mitään luuseria". Häntä kiinnostavat miehet, joilla on jotain annettavaa. Miehen pitää myös olla seksikäs ja hyvin pukeutunut sekä urheilullinen.

Mielenkiintoisia näkökulmia parisuhteen odotuksista ja tyytyväisyydestä! Jokaisella näyttää olevan haaveita tai visioita elämästään ja ihmissuhteistaan. Se on merkki siirtymisestä eron tuskista uuteen elämänvaiheeseen. Haaveiden ei tarvitse olla saavutettavia – ne ovat sinänsä tärkeitä. Ne kertovat uskosta tulevaisuuteen ja selviytymiseen elämässä.

Eräässä toisessa eroseminaarissa osanottajat pohtivat tulevaisuuttaan kolmen vuoden päästä. Useimmat osanottajat kertoivat miten he toivoisivat asioidensa olevan kolmen vuoden kuluttua. Toiveista ei valitettavasti huokunut usko tulevaisuuteen, vaan toive siitä, että onni potkaisee. Anja kertoi kuitenkin vakuuttavan tarinan elämästään toisessa maassa. Hän uskoi siihen itse ja sai toisetkin uskomaan. Hänen reseptinsä paremmalle tulevaisuudelle oli vahva itseluottamus ja sitoutuminen haaveiden toteuttamiseen.

OMAN ELÄMÄNSÄ SANKARIT

On väitetty, että työelämässä olevista ihmisistä yli puolet on ulkoa ohjautuvia alisuoriutujia, jotka eivät saa kaikkia kykyjään ja voimavarojaan käyttöönsä. He pystyisivät parempaan, jos voisivat toimia kykyjensä edellyttämällä tasolla. Sama ilmiö on havaittavissa jo peruskoulussa. Yli puolet koululaisista piilottaa kynttilänsä vakan alle, koska he eivät luota riittävästi omiin kykyihinsä tai koe olevansa hyväksyttyjä ihmisinä.

Näyttää siltä, että erokriisin positiivinen ratkaisu saa monet luottamaan itseensä paljon entistä enemmän. Tutustuminen itseensä ja omiin tarpeisiinsa saa aikaan suuren muutoksen, jonka myös ulkopuoliset havaitsevat. Moni ottaa ratkaisevia askeleita opiskelussaan ja työssään sekä ihmissuhteissaan. He ovat sopusoinnussa itsensä kanssa sekä ihmisinä että miehinä ja naisina.

SELVIYTYVÄTKÖ MIEHETKIN?

Useimmissa eroseminaareissa ja eroryhmissä on enemmän naisia kuin miehiä. Se voi kertoa siitä, että miehet eivät osaa hakea tukea selviytyäkseen erokriisistä. Naisille turvautuminen toisiin ihmisiin näyttää olevan luonnollista, ja heidän on helppo tunnustaa tarvitsevansa muita ihmisiä avukseen. Miehet taas korostavat yksilöllistä selviytymistä ja vähättelevät tunne-elämän merkitystä. Miehelle kaikkein sallituin tapa turvautua toisiin ihmisiin näyttää olevan suhde toiseen naiseen. Sitäkin tosin pidetään merkkinä kypsymättömyydestä. Eronneeseen mieheen on myös pitkään liitetty negatiivisia mielleyhtymiä perheen hylkäämisestä, ja elatusvelvollisia miehiä on kutsuttu myös perhepinnareiksi.

Ajat muuttuvat. Miehet eivät enää käyttäydy perhe-elämässä ja parisuhteessa kuten isänsä ja isoisänsä. Nykyajan mieheltä odotetaan vastuuta kodinhoidosta, lastenkasvatuksesta ja parisuhteesta. Mies säilyttää usein paljon aktiivisemman roolin lastensa elämässä eron jälkeen kuin vielä joitakin kymmeniä vuosia sitten. Hän on eron jälkeenkin vastuullinen yhteishuoltaja; vastuu pitää hänet kiinni elämässä ja pakottaa ponnistelemaan selviytymisen puolesta.

Voidaan sanoa, että yhä useampi mies pyrkii aktiiviseen rooliin erossaan ja hakee mahdollisuuksia kasvaa ja oppia sen kautta. Käytännössä se merkitsee hakeutumista toisten eronneiden pariin jakamaan kokemuksia ja rakentamaan elämäänsä uudelleen. Tarjolla on kuitenkin myös toinen tie: työhön pakeneminen tai runsas alkoholin käyttö aina itsetuhoon saakka. Pohjoismainen mies on kasvatettu jäyhäksi ja pidättyväksi. Miehen oman elämän kannalta on tärkeää, että hän uskaltaa kyseenalaistaa elämäänsä ja miehenä elämistä, sillä pitäytyminen vanhoissa tavoissa tuo mukanaan epäitsenäisyyttä ja rajoittuneisuutta. Palautteeksi tällainen mies saa kuulla olevansa ”tyypillinen suomalainen mies”. Kukahan tuon määritelmän on keksinyt?

Asko asetti aina perheen asiat etusijalle. Hän luopui kavereistaan ja jopa harrastuksistaan voidakseen olla hyvä isä lapsilleen. Hän oli mahdollisimman paljon kotona ja valmisti muun muassa perheen ateriat, koska hänen vaimonsa Mari ei ollut lainkaan kiinnostunut ruoanlaitosta eivätkä Marin keitokset maistuneet lapsillekaan. Mari ei ollut kotona viihtyvää tyyppiä, vaan hänellä oli omia menoja ja paljon mieluisia harrastuksia, joissa Asko ei ollut mukana.

Vuosien mittaan Asko ja Mari vieraantuivat toisistaan. Heidän sukupuolielämänsä loppui jo kolme vuotta sitten, ja viime vuonna Mari kertoi tapailevansa toisia miehiä. Asko koki itsensä pahasti petetyksi, mutta lasten vuoksi hän halusi vielä yrittää yhdessä Marin kanssa. Mari suostui, muttei uskonut siitä tulevan mitään, ja lopulta Askokin uskoi, että heidän liittonsa ei toimi. Hän sai jonkinlaisen herätyksen itsestä huolehtimiseen.

Hän alkoi taas kuntoilla ja hakeutui myös ystäviensä luokse. Pelätty avioero olikin lopulta pelastus. Hän huomasi yrittäneensä tehdä vain toisia onnelliseksi ja unohtaneensa itsensä. Asko kävi eronsa kunnolla läpi ja on nyt eri mies. Mari ei enää halveksi häntä, koska hän huomaa Askon olevan sinut itsensä kanssa.

Luku 8

Näin et selviydy etkä opi!

Mieheni käyttäytyi vastuuttomasti. Hänen yrityksensä meni konkurssiin, mutta hän ei kertonut siitä edes minulle. Se oli pahinta, mitä minulle voi tehdä!

Riikka, 35 v

Vaimoni Minna oli uskoton, vaikka vahdin häntä alituiseen. Palkkasin jopa yksityisetsivän, koska epäilin häntä. Rakastan häntä edelleen, mutta emme voi enää asua yhdessä.

Robert, 43 v

MITEN ELÄMÄSI MUUTTUU ERON JÄLKEEN?

Varmin tapa tehdä tyhjäksi eron suoma mahdollisuus muutokseen on syyttää kaikesta toista. Et taida olla motivoitunut itsesi kehittämiseen, jos ajattelet, että kaikki muuttuu paremmaksi, kun olet päässyt eroon entisestä kumppanistasi.

Jokaiseen parisuhteeseen kuuluu asioita, joita et toivoisi siinä olevan. Kumppanissasi on luultavasti monia ärsyttäviä piirteitä, joita olet ehkä pyrkinyt kitkemään hänestä. Voi myös olla niin, että hänen käyttäytymisensä on ollut vastuutonta tai moraalisesti tuomittavaa. Syystä tai toisesta hän ei ole hallinnut tekojaan riittävästi ja on kohdellut sinua väärin.

Päästyäsi eroon entisestä puolisostasi voit keskittyä haukkumaan häntä ja tuomitsemaan hänen pahat tekonsa. Niin hän säilyy elämäsi keskipisteenä ja saat siirtää vastuun epäonnistuneesta suhteestasi hänelle. En väitä, että teet niin pahuuttasi tai tyhmyyttäsi vaan sen takia, että ero on raastava kokemus. Päättynyttä suhdetta on vaikea tarkastella kokonaisuutensa, jos elämässä ei ole tarpeeksi turvallisuutta. Tarvitset ympärillesi tukea antavia ihmisiä – et vihan lietsojia.

Tuija ja Erkki elivät yhdessä avioliitossaan yli kymmenen vuotta. Erkki kävi töissä ja ahkeroi perheensä puolesta myös opiskelemalla saadakseen paremman työpaikan. Tuija teki lastenhoidon ohessa keikkatöitä ravintolassa. Hän joutui olemaan työpaikalla myöhään yöhön. Joskus hän ja Erkki tapasivat vain kerran viikossa, koska he olivat aina eri aikaan menossa. Lapsia ei onneksi tarvinnut viedä hoitoon, koska vuorottelu sujui hyvin. Parisuhde voi kuitenkin melko huonosti. Erkki alkoi saada tarpeekseen ”etäavioliitostaan”. Hän yritti keskustella asiasta Tuijan kanssa, joka sanoi lasten tarvitsevan tätä järjestelyä. Hän ei voinut kuvitellakaan vievänsä lapsia hoitoon ulkopuoliselle.

Erkki varasi ajan parisuhdeterapeutilta, jonne Tuija kieltäytyi tulemasta mukaan. Ilman Tuijan myötävaikutusta asioiden muuttaminen Erkin toivomaan suuntaan ei onnistunut, mutta Tuija takertui yhä tiukemmin entiseen. Hän tuli myös uskoon ja sai itselleen tukea uskonsisariltaan, jotka rukoilivat myös Erkin puolesta.

Erkki näytti tulevan kuitenkin yhä tyytymättömämmäksi, ja hänen alkoholinkäyttönsä lisääntyi päivittäiseksi ryypiskelyksi kotona. Tuija ei enää uskaltanut jättää lapsia kotiin Erkin kanssa, koska tämä saattoi olla humalassa hoitaessaan lapsia. Tuija muutti lasten kanssa oman äitinsä ja isänsä luokse, ja Erkki jäi yksin. Hän haki lopulta eroa, koska yhteys perheeseen oli katkennut lähes kokonaan.

Keskusteltuani Tuijan kanssa heidän avioerostaan sain kuulla, että se johtui pelkästään Erkin alkoholismista. Erkki pilasi hänen ja lasten elämän aloittamalla vastuuttoman ryypiskelyn. Tuija ei halua Erkin tapaavan lapsiaankaan, koska hän on osoittautunut huonoksi isäksi. Nyt, kolme vuotta virallisen eron jälkeen, Tuija haluaa unohtaa liittonsa ja aloittaa uuden elämän. Luottamus miehiin on tosin mennyt. Erkillä näyttää jääneen ”ryyppy päälle”.

Tuijan ja Erkin tarinasta ei näytä, ainakaan vielä, muodostuneen oppimiskokemusta. Kumpikaan heistä ei ole lähtenyt tarkastelemaan itseään ja omaa osuuttaan yhteiselämässä. Saattaa myös olla, että eron viha ja pettymykset ovat edelleen ongelmia, jotka estävät uuden, paremman elämän. Lapsille näiden vanhempien tarina on myös suuri pettymys. He eivät voi selvitä erosta, jos omat vanhemmatkaan eivät siitä selviä.

”EN PYSTY PAREMPAAN”

Saku meni nuorena naimisiin, koska hänen morsiamensa Sari tuli raskaaksi. Myöhemmin Sakusta alkoi tuntua, että hän olisi halunnut elää enemmän nuoruutta eikä joutua kaksikymppisenä perheenisäksi. Monet hänen kaverinsa eivät vielä kolmekymppisenäkään ole vakiintuneet. Elämätön elämä sai Sakun lähtemään seikkailujen ja syrjähyppyjen tielle. Hän ei pitänyt omaa käyttäytymistään kunniallisena, mutta koki sen oikeutetuksi itselleen. Sari ei moista kestänyt, ja heidän liittonsa päättyi.

Saku lupasi pyhästi itselleen, että jatkossa hän on uskollinen, jos vain vielä menee naimisiin. Nyt hän on ollut naimisissa Johannan kanssa neljä vuotta. Johanna löysi hänen pyykkiensä joukosta toisen naisen korvakorun ja kännykästä eroottisia viestejä. Saku tunnusti taas sortuneensa syrjähyppyihin. Hän ei tiedä, mistä se johtuu. Hän ei myönnä olevansa tyytymätön avioliittoonsa. Johanna on antanut hänelle vielä yhden mahdollisuuden, mutta luottamus on aivan pohjassa. Johanna ei voi olla vahtimatta miestään ja kärsii mustasukkaisuudestaan. Saku on luvannut mennä terapiaan selvittämään päätään, mutta pitää sitä kalliina vaihtoehtona.

Aikomus parantaa tapansa on monen eronneen mielessä, kun uusi mahdollisuus on tarjolla. Kukapa haluaisi toistaa itseään? Persoonallisuuden kasvu eron jälkeen on välttämätön edellytys toisenlaiselle elämälle. Tähän edellytykseen kovin monet kuitenkin kompastuvat. Elämää jatketaan pysähtymättä miettimään, miksi niin kävi. Päättyneen parisuhteen ja erityisesti oman osuutensa ymmärtäminen siinä luo pohjan toisenlaisille valinnoille. Ei riitä, että ihminen seilaa sokeasti erilaisten, vastakohtaisten valintojen välillä. Esimerkkimme Sakulla on parisuhdekriisinsä takia mahdollisuus ja motivaatiota kasvaa ja kehittää itseään. Tunteiden laannuttua tilaisuus menee kuitenkin ohi. On taottava, kun rauta on kuumaa!

”ÄLÄ PUUTU, PÄÄTÄN ITSE ELÄMÄSTÄNI!”

Parisuhteen solmiminen ja päättäminen on oma asiasi. En halua puuttua ratkaisuihisi. Olet itse vastuussa elämästäsi ja otat myös ratkaisuihin liittyvän riskin itse. Haluan vain kertoa, että sinun kannattaa olla mahdollisimman tietoinen siitä, mitä teet. Monet eroavat ajatuksenaan päästä eroon entisestä elämästä ja kumppanista, koska suhde ei tarjoa enää läheisyyttä tai muita toivottuja elämyksiä. Voi kuitenkin käydä niin, että muutaman vuoden päästä olet taas samassa tilanteessa jonkun toisen ihmisen kanssa.

Niko kertoi eronneensa 13 vuoden liitosta, koska oli jo vuosia kokenut itsensä melko tyytymättömäksi. Hän kertoi hakeneensa lohtua myös syrjähypyistä, mutta saaneensa sitä vasta tutustuttuaan Hannaan. Suhde Hannaan näytti antavan kaikkea sitä, mitä elämästä puuttui. Niinpä Niko otti eron vaimostaan ja muutti yhteen Hannan kanssa. Siitä on nyt kolme vuotta. Nikolla ei ollut tarvetta käydä läpi eroaan ja tutustua paremmin itseensä, koska elämä näytti selkeytyneen ja tarjonneen hänelle pelastuksen.

Nyt Niko ajattelee, että hänen olisi pitänyt kiinnittää enemmän huomiota itseensä erottuaan vaimostaan. Hän ei pidä eroratkaisua vääränä, mutta on kriittinen omaa käyttäytymistään kohtaan. Hanna ei lopulta antanut hänelle toivottua onnea, eikä se ole Hannan syy. Toisen eronsa jälkeen Niko on saanut pohtia omaa käyttäytymistään ja tietää jo paremmin, mitä seuraavaksi tekee.

Viisauden lajeista paras on kai jälkiviisaus. Oman elämän ratkaisuissa, kuten avioerossa, sitä käytetäänkin paljon. Ehkä se auttaa olemaan jatkossa etukäteen harkitsevampi, mutta menneisyys on kuitenkin hyvä jättää ja siirtyä elämässä eteenpäin. Jälkiviisaus voi myös olla ansa ja johtaa jossitteluun menneisyyden ratkaisuista.

10 tapaa olla selviytymättä:

- Keskity moittimaan entistä kumppania ja syytä kaikesta häntä.
- Älä jää miettimään omaa käyttäytymistäsi, vaan aloita uusi elämä mahdollisimman pian.
- Älä pohdi ratkaisujasi kumppanisi tai ystävien ja sukulaisten kanssa vaan ole itsenäinen.
- Aloita uusi suhde ja keskity vain siihen, jotta unohdat eron tuskat.
- Älä osallistu eroryhmiin tai seminaareihin – selviydy yksin!
- Älä sure eroasi – se on turhaa ajan hukkaa.
- Riitauta kaikki eroon liittyvät asiat ja vie ne oikeuteen.
- Helpota oloasi alkoholilla ja lääkkeillä aina, kun mahdollista.
- Mieti paljon, miten olisit voinut toimia, jotta eroa ei olisi tullut.
- Vetäydy omiin oloihisi – älä pidä yhteyttä entisiin ystäviisi.

Luku 9

Eron käytännöt

Mieheni hylkäsi minut viime vuonna kymmenen vuotta nuoremman naisen takia. Hän jätti omaisuuden kokonaan minulle eikä ole ottanut mitään yhteyttä minun eron jälkeen. Hän on puhunut vain kerran puhelimessa yhden lapsenlapsensa kanssa, vaikka aiemmin lastenlapset olivat hänen elämänsä keskipiste.

Salli, 57 v

EROAMINEN ON HELPPOA – TEKNISESTI

Avioeroa haetaan käräjäoikeudelta. Avioerohakemuksen voi tehdä puoliso yksin tai puolisot yhdessä. Avioeron hakemiselle ei tarvitse esittää mitään syytä. Eroamiseen riittää se, että hakemuksessa ilmoittaa hakevansa avioeroa harkinta-ajan jälkeen taikka ilman harkinta-aikaa kahden vuoden erillään asumisen perusteella. Avioerohakemuksen voi saattaa vireille vaikka jo hääpäivänä. Avioero on tällöin mahdollista saada aikaisintaan kuuden kuukauden harkinta-ajan jälkeen.

Eron voi saada jo puolen vuoden harkinta-ajan jälkeen siten, että ilmoittaa edelleen haluavansa eroa. Riittää, kun vain toinen puoliso hakee eroa. Toisellakin on oikeus tulla kuulluksi, mutta eropäätökseen ei vaikuta, vaikka hän vastustaisikin eroa. Eroa on haettava harkinta-aikana viimeistään vuoden kuluessa, muutoin hakemus raukeaa.

Tämän teoksen tarkoitus ei ole toimia lakikirjana eroaville, sillä juridisia neuvoja on tarjolla runsaasti muissa lähteissä. Tarkoitukseni on pikemminkin kiinnittää huomiota ratkaisujen seurauksiin käytännössä. Useimmille ero on ensikokemus ja pelottava hyppy tuntemattomaan, vaikka virallinen prosessi onkin hyvin ennustettavissa. Käytännössä valittu toimintatapa vaikuttaa asioiden kulkuun, ja siksi siihen kannattaa kiinnittää huomiota.

MITEN EROSTA KERROTAAN?

Laki antaa mahdollisuuden ilmoittaa erosta kumppanille viranomaisten välityksellä. Joskus kuulen tarinoita, joissa toinen puoliso on saanut tietää eropäätöksen vasta, kun käräjäoikeus on saattanut erohakemuksen tiedoksi. Olen kuullut myös kännykän tekstiviesteillä kerrotuista eropäätöksistä, mitä tapaa ei voi pitää korrektina. Se on hyvin epäempaattista eikä ota huomioon vastaanottajan tilannetta. Huonosti kerrottu eropäätös tuottaa helposti myös tavallista huonomman eroprosessin.

Se, joka kokee elämänsä onnettomaksi liitossaan, alkaa pohtia ratkaisua tilanteeseen. Yhtenä vaihtoehtona hän näkee eroamisen puolisostaan. Omasta tyytymättömyydestään olisi hyvä kertoa jo varhaisessa vaiheessa, jotta mahdollisimman moni ratkaisuvaihtoehto olisi käytettävissä. Eroajatuksen kypsyttyä omassa mielessä tulisi se kertoa myös kumppanille, jotta tämä osaa valmistautua mahdolliseen eroon. Riittävän selkeä ja rehellinen asian kertominen helpottaa jätetyn sopeutumista eroon. Epämääräinen tyytymättömyyden vuodattaminen ja vihjailu eron mahdollisuudesta tuskin menee perille. Eroon liittyy useimmiten syyllisyyden tunteita, eivätkä ne helpotu asiaa pitkittämällä.

Eropäätöksen voi joutua tekemään myös se kumppani, joka ei alun perin sitä halunnut. Varsinkin toisen identiteettikriisi ja siihen liittyvä uskottomuus saavat aikaan puolustuskäyttäytymisen, jonka osana haetaan avioeroa. Tällaisen eropäätöksen tekeminen vaatii myös harkintaa, sillä eroa hakenut puoliso voi joutua katumaan kovin äkkinäistä toimintaansa. On hyvä muistaa, että eron kiirehtiminen ei paranna tilannetta. Eroa ei kannata käyttää kostona kokemalleen loukkaukselle.

Jätetty osapuoli haluaa kuulla perustelut erolle. Hän haluaa tietää syyt toisen eroajatuksiin ja päätökseen. Jättäjä on ainakin moraalisesti velvollinen kertomaan päätöksensä perustelut. Hänen on tärkeää olla rehellinen sekä itselleen että toiselle. Ei ole viisasta syyttää toista omasta onnettomasta olostaan, vaan ottaa siitä itse vastuu.

Edes eroa hakeva osapuoli ei tiedä akuutissa erovaiheessa selitystä kaikelle, minkä vuoksi eron syyt muuttuvat ihmisten mielissä ajan kuluessa. Suhteen viimeaikaiset tapahtumat ja uskottomuus ovat vain osa selitystä. Yleensä erossa on kyse pitkästä, koko suhteen kestävästä prosessista ja suhteen käsikirjoituksesta. Lakikaan ei edellytä syyllisen nimeämistä, eikä siitä ole hyötyä selviytymisenkään kannalta.

Jokainen ero on yksilöllinen. Eroajatuksen käsittelyssä kannattaa turvautua keskusteluun ulkopuolisten, puolueettomien ihmisten kanssa. Kannattaa ottaa tavoitteekseen mahdollisimman rakentava ero ja valita toimintamalli sen mukaan. Vääränlainen apu tai tuki voi viedä harhaan ja pitkittää kärsimystä.

Pirjo halusi eron miehestään Ristosta, mutta ei tiennyt, miten voisi kertoa asian hänelle. Niinpä hän päätti olla uskoton ja kertoa Ristolle siitä. Hän tapasi tanssiharrastuksessaan miehiä ja oli seksuaalisesti uskoton useiden miesten kanssa. Risto sai uskottomuuden selville, mutta ei hakenut heti eroa. Pirjo ja Risto erosivat vasta, kun Pirjo sanoi jatkavansa samaan tapaan. Hän ei katunut tekojaan. Eron jälkeen Pirjo jäi yksin, koska entiset ystävät tuomitsivat hänet. Risto asuu nyt lasten kanssa ja näyttää selviytyneen yllättävän hyvin.

KENEN PUOLEEN PITÄÄ KÄÄNTYÄ?

Edellisen avioliittolain aikana ihmiset kääntyivät erossa lakimiesten puoleen, koska eron käsittely oikeudessa edellytti asiantuntemusta. Nykyisen lain aikana eroava pari voi tehdä lähes kaiken itse. Tavoitteena on sopia eroon liittyvät asiat keskenään parhaaksi katsotulla tavalla. Sen vuoksi lakimiehiä ei juuri tarvita puolustamaan eroavia heidän riidoissaan. Eroava tarvitsee kuitenkin neuvoja eroon liittyvien asioiden hoidossa.

Lasten huolto ja tapaaminen on tärkein lapsiperheen eroon liittyvä asia. Vanhempien tulee sopia siitä, kenen luona lapset asuvat eron jälkeen ja kuka on heidän huoltajansa. Samalla heidän tulee sopia siitä, miten lapset tapaavat muualla asuvaa vanhempaansa ja mikä on kuukausittaisen elatusmaksun suuruus.

Pääsääntöisesti lasten huoltoon ja tapaamiseen liittyvät asiat kuuluvat kunnan sosiaali- ja terveysviranomaisille. He vahvistavat vanhempien keskenään sopimat asiat ja huolehtivat samalla lapsen edun toteutumisesta erossa. Yleensä lapsia koskevan sopimuksen vahvistaa kunnan lastenvalvoja. Eroon kuuluvia asioita hoidetaan kunnissa sosiaalitoimistoissa ja perheneuvoloissa. Internetissä on myös monia palstoja, jousta eroava voi saada hyödyllisiä neuvoja, esimerkiksi www.eroperhe.net.

On tärkeää huomioida lasten etu, kun tehdään heitä koskevia päätöksiä. Lasten edun selvittäminen ja heidän kuulemisensa kuuluu osaksi eroprosessia. Lasten edulla tarkoitetaan laajasti heidän kasvuunsa ja kehitykseensä vaikuttavia asioita. Eron jälkeen lapsille on pyrittävä takaamaan parhaat mahdolliset kasvuedellytykset. Heidän kuulemisensa tarkoittaa osittain juuri näiden kasvuedellytysten tutkimista ja osaksi heidän mielipiteensä selvittämistä. Lapsella on oikeus esittää omat näkemyksensä mm. asumisestaan ja toisen vanhemman tapaamisesta. Se ei tarkoita kuitenkaan sitä, että lapsi saa päättää itse asioistaan. Vastuu päätöksistä on aina aikuisilla.

Lapsia koskevat asiat voidaan myös riitauttaa ja viedä oikeuteen, mikäli vanhemmat eivät pysty sopimaan asiasta. Lasten asioiden viemistä oikeuteen kannattaa kuitenkin välttää ja pyrkiä ratkaisuun ulkopuolisen avun turvin. Jokaisessa kunnassa on perheasiain sovittelija tai sovittelijoita, jotka voivat auttaa eroon liittyvien asioiden sopimisessa. Oikeusprosessi on lapsille raskas eikä tuo välttämättä toivottua tulosta, sillä päätös perheen asioista siirtyy ulkopuolisille, jotka eivät tunne lapsia eivätkä perheen historiaa. Oikeusistuimen pyytämä lasten kuuleminen sosiaalitoimessa on myös aikaa vievä prosessi ja vaatii paljon energiaa kaikilta. Eroriitoja voidaan välttää myös käsittelemällä eron tunteita ja erokriisiä mahdollisimman tehokkaasti.

Erossa puolisoiden omaisuus jaetaan tasan, ellei heillä ole avioehtoa. Mikäli omaisuuden jakaminen on sen huomattavan määrän, yrittäjyyden tai muun syyn vuoksi vaikeaa, kannattaa kääntyä asiaan perehtyneen lakimiehen puoleen. Se ei tarkoita välttämättä asian riitauttamista vaan oikeudenmukaisen ratkaisun etsimistä asiantuntijan avulla. Asioiden riitauttaminen merkitsee usein myös asian pitkittymistä ja erokriisin hidastumista. Riidat sitovat runsaasti voimavaroja ja saattavat olla raskaita myös taloudellisesti.

AVOLIITON PÄÄTTYMINEN

Psykologisesti avoliiton päättyminen on samanlainen asia kuin avioliitonkin päättyminen. Juridisesti asia on kuitenkin erilainen, sillä eroa ei haeta raastuvanoikeudesta. Se päätetään yhdessä sopien tai toisen eroilmoituksen perusteella. Lasten asiat pitää sopia heidän etunsa mukaisesti, kuten avioliitonkin purkautuessa. Avoliiton vanhemmat ovat eron jälkeen edelleen vastuussa lastensa huollosta. Heidän tulee tehdä asiasta sopimus. Sekä avioliiton että avoliiton purkautuessa on järkevää tehdä riittävän yksityiskohtainen sopimus lasten huollosta ja tapaamisesta, jotta riitojen mahdollisuus voidaan minimoida.

Omaisuuden jako on avoliiton purkautuessa pulmallisempaa kuin avioliitossa, koska omaisuus ei ole yhteistä. Pulmatilanteissa kannattaa hakea apua asiantuntijalta eli lakimieheltä, ja myös kunnan oikeusavustaja voi tarjota riittävän avun.

HARKINTA-AIKA

Avioeroon kuuluu normaalisti kuuden kuukauden–vuoden pituinen harkinta-aika. On melko harvinaista nähdä pari, joka käyttää tuon ajan harkintaan. Harkinta ei kuitenkaan ole pahitteeksi niin isossa ratkaisussa kuin ero on. Harkinta-aikana eroa hakeva pari voi vakuuttua siitä, että ero on ratkaisu heidän ongelmaansa, tai sitten he voivat huomata sen olevan turha elämän muutoksen kannalta. Psykologisesti on tärkeintä erota *suhteesta* kumppaniin eikä itse ihmisestä. Joissain tapauksissa voit rakentaa uudenlaisen suhteen kumppanisi kanssa ja aloittaa uuden vaiheen elämässäsi.

Suomessa kokonaiseronneisuusluku on jo vuosia ollut lähellä 0,50:tä. Tällä erovauhdilla siis puolet avioliitoista päättyy eroon. Erotilastoa Euroopassa – ja koko maailmassa – johti vuonna 2000 Ruotsi (55 %). Seuraavina tulivat Suomi (51 %), Viro (47 %) ja Tanska (45 %).

Osa 2

Lapset ja ero

Luku 10

Miten lapsille käy?

Olen kovin huolissani lapsistamme, haluaisin auttaa heitä selviytymään. Pelkään kuitenkin, että olen pilannut heidän elämänsä.

Katriina

KÄRSIVÄTKÖ LAPSET?

Parisuhteen päättymisessä on yleensä kyse myös muusta kuin aikuisten erosta, sillä erot koskettavat vuosittain kymmeniätuhansia lapsia. Avioliittolaki painottaa lapsen oikeuksia ja etua perheen hajotessa. Lastensuojelulaki taas edellyttää lapsen kuulemista ja hänen tarpeidensa huomioimista. Eroavat vanhemmat kertovat myös olevansa huolissaan lapsistaan. Kaikesta huolimatta näyttää kuitenkin siltä, että lapset jäävät eroprosessissa aikuisten varjoon. Aikuisille on tarjolla eroon liittyviä palveluja kuten eroryhmiä ja keskusteluapua. Lapsille tarjotut palvelut taas ovat täysin riittämättömiä, ja esimerkiksi lasten eroryhmiä on hyvin harvassa.

Lapsille tarkoitettujen palvelujen kehittäminen on vielä aivan alussa. Perinteiset perheneuvolapalvelut eivät näytä olevan vastaus tähän ongelmaan, koska palvelujen tarvitsijoiden määrä ylittää kunnallisen perheneuvonnan kapasiteetin roimasti. Yksilöterapia ei muutenkaan voi olla vastaus erojen työstämiseen. Peruskoulu ei näytä huomioivan erolapsia, vaikka tiedämme eron vaikuttavan lapsen opiskeluun ja käyttäytymiseen vuosien ajan.

En aio syyllistää eroavia vanhempia tai viranomaisia siitä, että he eivät välitä lapsista. Asiakastyöni, eroryhmien ohjaaminen ja tutkimukset kertovat siitä, että vanhemmat ovat erotessaan erityisen huolissaan lapsistaan. Oman erokriisinsä takia vanhemmat eivät kuitenkaan pysty näkemään lastensa tarpeita hyvin. Eroon kuuluva syyllisyys voi johtaa liialliseen arkuuteen puhua erosta lasten kanssa. Se saa usein myös aikaan auktoriteetin vähenemistä, mikä vähentää lasten turvallisuuden tunnetta.

Lapsille erossa aiheutuvan tuskan määrää ei pidä vähätellä. On selvää ja moneen kertaan myös tieteellisesti todistettu, että eron vaikutus lasten elämään kestää vuosikymmeniä. Pahimmillaan se tuhoaa lasten luottamuksen parisuhteeseen ja estää heidän yrityksensä solmia läheisiä ihmissuhteita vielä aikuisenakin. (Wallerstein et al., 1991.) Tiedämme myös, että eronneiden vanhempien lapset solmivat sitoutuneen parisuhteen keskimääräistä myöhemmin ja päätyvät eroon myös keskimääräistä useammin. Suurempi harkinta suhteiden solmimisessa ei siten näytä tekevän suhteista kestävämpiä.

On kuitenkin huomattava, että erotutkimukset eivät ole juuri erotelleet perheiden välisiä eroja. On nimittäin ensiarvoisen tärkeää nähdä eroamisen laadullinen puoli: eron voi hoitaa hyvin tai huonosti. Hyvin hoidettu ero tuo parhaimmillaan mukanaan inhimillistä kasvua ja oppia menetysten työstämiseen. Se antaa parhaimmillaan paljon tietoa parisuhteessa elämisestä ja suhteen kehittämisestä. Hyvässä erossa suhde vanhempien ja lasten välillä säilyy ja kehittyy. Erosta ei tule heille vaiettu osa elämää vaan asia, josta voidaan keskustella avoimesti.

Kysymykseen ”Kärsivätkö lapset erossa?” pitää vastata myöntävästi. Toiset lapset kärsivät enemmän kuin toiset. Elämää ei voi toisaalta elää ilman tuskaa, ja se voi kääntyä hyvissä olosuhteissa myönteiseksi kasvuksi – huonoissa oloissa toisaalta katkeruudeksi ja epäluottamukseksi ihmissuhteisiin, jopa sairaudeksi. Aikuisten tehtävä on ottaa vastuu erossa ja auttaa lapset kriisin yli, ja siihen tarvitsemme koko yhteisömme tuen ja välineitä muun muassa sosiaali-, terveys- ja kouluviranomaisten käyttöön. Lasten vanhemmat eivät aiheuta tarkoituksella tuskaa lapsilleen, kuten ei jättäjäkään jätetylle. Näkemällä lasten tilanteen oikein aikuiset voivat auttaa parhaiten lapsia. Lasten huolien ja surun vähätteleminen ei ole oikein, ei myöskään lapsille aiheutetun kärsimyksen liioittelu.

Mielestäni tarvitsemme Suomeen uutta erokulttuuria, jossa pyritään erokriisin käsittelyyn pitkäjänteisellä ja rakentavalla tavalla. Onneksi tällaisesta muutoksesta on alkanut näkyä merkkejä viime vuosina. On erittäin tärkeää, että eroa suunnittelevat aikuiset pääsevät puhumaan asioistaan mahdollisimman varhaisessa vaiheessa. Tällöin rakentavien ratkaisujen mahdollisuus on suuri. Nykyisin hyvin harva eronnut löytää itselleen sopivaa tukea kahlatessaan erokriisin viidakossa.

MITÄ LAPSET TARVITSEVAT SELVIYTYÄKSEEN VANHEMPIENSA EROSTA?

Tosiasioiden hyväksyminen

Erokriisin edistyminen edellyttää sitä, että lapsi uskaltaa tunnustaa todellisuuden. Monien lasten pelkäämä vanhempien avioero on hänen elämässään toteutunut. Todellisuuden näkeminen ei kuitenkaan tapahdu hetkessä. Niin aikuiselle kuin lapsellekin on tyypillistä kieltää epämiellyttävä totuus: ”Tämän täytyy olla erehdys” tai ”Minulle ei voi käydä niin”. Todellisuuden hyväksyminen edellyttää turvallisuutta, ja aikuisten on luotava sitä lapsen elämään olemalla aikuisia auktoriteetteja. Vanhemman syyllisyyden aiheuttama ”hyssyttely” taas luo turvattomuutta, ja turhan toivon antaminen pitkittää kieltämisvaihetta ja hidastaa niin ollen eron työstämistä.

Torjuakseen tuskallisen todellisuuden mielestään lapsi voi kehittää tarinoita, joiden avulla hän pakenee eron tuskia.

> Isä muutti pois etsiäkseen meille paremman kodin. Hän tulee takaisin.
>
> *Juha, 9 v*

> Äiti puhui erosta, mutta se ei ole totta. Isä ja äiti eivät koskaan eroa.
>
> *Anni, 6 v*

Isän ja äidin on aina vaikeaa aiheuttaa lapsilleen pahaa mieltä. Tärkeän asian kertominen lapselle vaatiikin valmistautumista. Paras vaihtoehto on vanhempien yhdessä järjestämä perheneuvottelu, jossa eropäätös kerrotaan lapsille heidän ikänsä edellyttämällä tavalla. Lapsille kannattaa kertoa erosta selkeästi ja yksiselitteisesti. Lasten turvallisuuden tunteen lisäämiseksi on aina hyvä korostaa sitä, että heistä pidetään huolta.

Lasten tulee olla omalla puolellaan

Parisuhteen päättymisessä on kyse aikuisten ristiriidoista. Lasten ei tule ottaa kantaa toisen vanhempansa puolesta toista vastaan, koska se on haitaksi hänen omalle eroprosessilleen. Aikuisten ei pidä vetää lapsia mukaan omalle puolelleen ja tyrkyttää omia näkemyksiään toisen osapuolen "pahuudesta". On selvää, että erokriisin syövereissä vihaisten aikuisten on vaikea pitää kielensä kurissa, ja siksi he saattavat päästää suustaan lauseita, joita heidän ei pitäisi lasten kuullen sanoa. Erehdykset ovat inhimillisiä, mutta toisen alituinen mustamaalaaminen voi kuitenkin kääntyä lasten hyväksikäytöksi.

Välttyäkseen lasten vetämisestä mukaan aikuisten ristiriitoihin on aikuisten haettava tukea ja apua itselleen. Ystävien apu ei näytä aina riittävän, kun tunteet käyvät hyvin kuumina. Ammattiapua voi hakea esimerkiksi oman kunnan perheneuvonnasta tai kirkon perheasiain neuvottelukeskuksesta.

Lasten on usein tarpeen saada ulkopuolista tukea itselleen, jos vanhemmat eivät näe heidän tarpeitaan kunnolla. Varsinkin eron ensimmäisinä kuukausina elämä voi olla lapsille hyvin ahdistavaa ja pelottavaa. Heidän on vaikea näyttää sitä vanhemmilleen, koska lapset pelkäävät aiheuttavansa lisää ongelmia. Turvallisuutta luovat aikuiset, kuten isovanhemmat tai kummit, voivat olla tässä vaiheessa suureksi avuksi, mikäli he eivät lähde mukaan eroavan parin riitoihin.

Menetysten läpikäyminen

Yleensä toinen vanhemmista muuttaa pois yhteisestä kodista, jolloin hänestä tulee ns. tapaajavanhempi. Hän menettää suhteen lapsiinsa sellaisena kuin se on lasten arjessa. Samoin käy lapsille, jotka joutuvat luopumaan suhteesta toiseen vanhempaansa ja muodostamaan uuden suhteen tapaamisten mahdollistamalla tavalla. Lapset voivat joutua luopumaan kodistaan ja tulevaisuuden odotuksistaan, ystävistään ja suhteesta joihinkin aikuisiin. Lapsen suru vie vuosia, eikä hän voi suoriutua siitä yksin. Jaettu vanhemmuus ja vuoroasuminen voivat tuntua pienemmältä luopumiselta kuin muut asumisratkaisut. Kaikkiin ratkaisuihin liittyy kuitenkin myös haittoja, jotka on tärkeää selvittää lapsen edun nimissä.

Lapset voivat oirehtia monin tavoin taistellessaan menetyksiä vastaan. Näpistely, karkailu, vuoteenkastelu ja valehtelu kertovat lapsen vaikeudesta hyväksyä ero sekä hylätyksi tulemisen tuskasta. Oireet eivät ole merkki sairaudesta vaan luonnollinen seuraus lähes ylivoimaisesta haasteesta elämässä. Lapsen hankala käyttäytyminen on myös positiivinen merkki siitä, että hän uskaltaa reagoida eroon. Aikuismainen käyttäytyminen ja aikuisten asioista huolehtiminen kertoo tunteiden panttaamisesta ja turvattomuudesta. Suru ja viha ovat eroon kuuluvia tunteita, ja aikuisilla on syytä huoleen, jos lapsi ei osoita niitä. Vihan tunteet vaativat usein ohjausta, jotta lapsi voi ilmaista ne rakentavasti. Kotona tai koulussa ilmenevää henkistä tai fyysistä väkivaltaa ei pidä sallia.

Hyvin monet lapset kokevat elämänsä järkkyvän, kun vanhemmat eroavat. ”Miten minulle käy?” on silloin luonnollinen kysymys. On tavallista, että lapsi pelkää silloin vanhempiensa kuolevan. Pelkojen käsittely, ja niistä puhuminen on helpottavaa. Lapsi näkee tulevaisuuden luonnostaan valoisana, eikä tulevaisuuden toivoa pidä koskaan viedä häneltä.

Lapsen syyllisyys

Lapsi syyttää erosta itseään. Pieni lapsi kokee olevansa maailman keskipiste ja asioiden johtuvan hänestä. Vanhempien on sen vuoksi kerrottava lapsille eron syistä, jotta heidän ei tarvitse itse luoda selitystä erolle. Lapsen ymmärtämä eron syy riippuu hänen iästään. Hän ei tarvitse aikuisten maailmaan kuuluvia selityksiä edes totuuden nimissä. Varttuneempia lapsia, jo aikuisiakaan, ei tulisi kietoa eron syyllisyyteen.

Vanhemmat saattavat riidellä eroon liittyvistä asioista, kuten lasten huollosta ja tapaamisesta, elatusmaksuista tai omaisuudenjaosta. Kyse on aikuisten asioista, eikä lapsia tulisi kuormittaa niillä. Lapsen mielipiteen kuuleminen ei saa merkitä sitä, että lapsi luulee voivansa päättää tai joutuvansa päättämään asioista.

Eron hyväksyminen

Ero on useimmiten pysyvä ratkaisu, ja sitä lasten on vaikea hyväksyä. On tavallista, että lapset elättelevät toiveita perheen uudelleen yhdistymisestä. He saattavat jopa toimia sen puolesta. Vanhempien viestit eron pysyvyydestä voivat olla myös ristiriitaisia ja hämmentää lasta. Eronneen perheen yhteinen ajankäyttö, kuten lomamatkat, voivat antaa lapsille väärän viestin.

Vanhempien seurustelusuhteet tai uudet kumppanit voivat olla lapsille este uudelleen yhdistymisen tiellä. Sen vuoksi he voivat vastustaa uusia kumppaneita ja suhtautua näihin aggressiivisesti ja torjuvasti. Lapsille tulisi kertoa, että aikuisten seurustelu, ja suhteet ovat heidän asiansa eivätkä lapset voi niihin vaikuttaa.

Usko, toivo ja rakkaus

Lapsenkin itsetunto saa kovan kolauksen erossa. Hänen uskonsa tulevaisuuteen horjuu niin ikään. Lapsi voi kuitenkin saada erosta myös tärkeitä rakennusaineita tulevalle elämälleen. Hän voi oppia ymmärtämään parisuhdetta ja siinä elämistä. Hänen odotuksensa avioliitolle voivat olla erokokemuksen takia realistisempia kuin niillä lapsilla, jotka eivät ole kokeneet vanhempiensa eroa. Parhaimmillaan lapsi oppii, että tunneilmaisun avoimuus ja omien tarpeiden hyväksyminen on hyvien ihmissuhteiden perusta.

Lapsen itsetunnon vahvistaminen on erityisesti hänen tarpeidensa ymmärtämistä ja aitoa kuuntelemista. Lapsi tarvitsee myös uskoa parempaan tulevaisuuteen. Klassiset sadut ja tarinat ovat oivallinen keino luoda myönteisiä mielikuvia selviytymisestä.

YHTEENVETO – NEUVOJA VANHEMMILLE

Tee näin:

- Kerro lapsellesi, että hän saa rakastaa molempia vanhempiaan kuten ennen eroa.
- Kerro lapsellesi toistuvasti, että ero ei ole hänen syytään.
- Osoita lapsellesi rakkautta sanoin ja teoin niin paljon kuin mahdollista.
- Kerro lapsellesi, että hän on turvassa ja että molemmat vanhemmat tekevät parhaansa hänen asioissaan.

- Tue lapsen ja toisen vanhemman suhdetta kertomalla hänelle lapsen elämästä, kuten tapahtumista, koulunkäynnistä jne.
- Kuuntele lastasi. Anna hänen kertoa tunteistaan tuomitsematta tai puuttumatta niihin. Muista, että hän tuntee omalla tavallaan.
- Lapset tarvitsevat apua eron tunteiden työstämiseen. Tarjoa sitä omalle lapsellesi.
- Lapset kokevat yleensä, että toisen vanhemman luona on ”oikea koti”. Anna lapsesi ajatella niin äläkä loukkaannu tai yritä muuttaa hänen näkemystään. (Muista myös, että sopimuksen asumisesta tekevät vanhemmat eivätkä lapset.)
- Anna lapsesi kokea, että hänellä on eron jälkeen kaksi vanhempaa ja paikka kummankin kotona riippumatta siitä, miten paljon hän käyttää aikaansa eri kodeissa.
- Lapset tarvitsevat aikuisen auktoriteettia ja rajoja erityisesti näinä vaikeina aikoina. Anna lapsellesi niitä ja pyri johdonmukaisuuteen.

Älä tee näin:

- Älä rasita lastasi eron yksityiskohdilla, kuten raha-asioilla tai eron intiimeillä yksityiskohdilla.
- Älä puhu pahaa tai arvostele toista vanhempaa, koska lapset ajattelevat olevansa puoliksi isän ja puoliksi äidin kaltaisia. Tämä sääntö koskee myös isovanhempia ja uusperheen muita aikuisia.
- Älä käytä lasta viestinviejänä tai vakoojana, vaan hoida aikuisten keskustelut itse.

- Älä vastuuta lastasi aikuisten päätöksillä. Aikuiset päättävät omista asioistaan itse.
- Älä haittaa lapsen ja toisen vanhemman tapaamisia, vaikka hän olisi tehnyt puolestaan väärin, kuten jättänyt elatusmaksun maksamatta (sekin on toki laitonta).
- Älä anna lapsestasi tulla parasta ystävääsi ja uskottuasi. Hae tukea itsellesi muualta.
- Älä lähde syyttelylinjalle, kun puhut eron syistä lapsen kanssa. Anna lapsesi kokea itsensä puolueettomaksi.
- Älä yritä ostaa lastasi pois toisen vanhempansa luota antamalla hänelle lahjoja tai lupauksia tavaroista, lemmikkieläimistä tms. Tavara ei tee lastasi onnelliseksi. Hän tarvitsee mahdollisimman aitoa rakkautta ja välittämistä.
- Älä unohda huumoria, vaikka elämä onkin nyt kovaa. Tarvitset sitä juuri nyt.

Luku 11

Ero ja lapsen ikä

Miksi he tekivät sen minulle? Elämäni mureni alta pois!

Niina, 14 v

VARHAISLAPSUUS

Ymmärtääkö imeväisikäinen vanhempiensa eron tai vaikuttaako ero häneen haitallisesti? Se on kysymys, joka askarruttaa monia eronneita, mutta johon on vaikea saada vastauksia.

On selvää, että parisuhteen päättyminen on voimakas kokemus, joka vaikuttaa lapsen vanhempiin ja siten välillisesti lapseen. Vanhempien tunteet ja ahdistus välittyvät lapselle monin tavoin. On siis ilmeistä, että erolla on aina vaikutus myös hyvin pienen lapsen elämään. On myös selvää, että hyvin pieni lapsi ei voi ymmärtää eroa eikä hänelle voi sitä mitenkään selittää.

Lapsen luottamus ihmissuhteisiin kehittyy hyvin varhain, yleensä ensimmäisen elinvuoden aikana. Psykologiassa ensimmäistä elinvuotta on perinteisesti pidetty koko elämän tärkeimpänä. Suhde hoitavaan aikuiseen luo perustan kaikille ihmissuhteille. Tuon ensimmäisen ihmissuhteen soisi kehittyvän rauhassa, vakaissa oloissa.

Vanhempien ero vaikuttanee lapseen tuomalla tämän elämään ylimääräistä jännitystä ja epävarmuutta. Lapsi, jonka elinehto on seurata vanhempansa reaktioita, kokee hoitavan aikuisen mielentilat omassa ruumiissaan. Tutkimusten mukaan vauvaikäisetkin reagoivat vanhempiensa eroon. On kuitenkin hyvä muistaa, että erot eivät ole samanlaisia. Aikuisten erossa saama tuki on lapsen kannalta tärkeää.

Vauvaikäisen tyypillisiä reaktioita vanhempien kriiseissä ovat syömishäiriöt, univaikeudet ja suoliston toimintaan liittyvät häiriöt. Ne kertovat herkästi lapsen tilan erokriisin aikana, mutta ovat tyypillisiä reaktioita muissakin lapsen elämän vakautta häiritsevissä tilanteissa. Lapsen elämä palautuu normaaliksi, kun hän alkaa taas luottaa elämän jatkuvuuteen ja kokee olevansa turvassa. Lapsen käyttäytyminen voi muuttua dramaattisemmin, mikäli vanhemman kriisireaktiot ovat hyvin voimakkaita ja hallitsemattomia.

Pienen lapsen ja vanhempien suhde häiriintyy erossa melko dramaattisesti. Toinen vanhemmista, yleensä isä, ei voi olla läsnä lapsen elämässä riittävästi, jotta suhde säilyisi läheisenä tai kehittyisi turvallisesti. Viikon tauko saattaa olla monelle lapselle liian pitkä, koska se johtaa lapsen suojautumiseen hyljätyksi tulemisen tunteelta eli vetäytymiseen läheisistä kontakteista. Hyvin nuorten lasten ja pois muuttavan vanhemman suhde vaatii siten erityistä huomiota kehittyäkseen. Tapaamisia pitää olla usein, vaikka ne olisivatkin lyhytkestoisia. Alle vuoden ikäisen lapsen ja isän tapaamisten ei tarvitse olla yön yli kestäviä, jos äiti vielä imettää lasta.

Lapsen selviytymisen kannalta on erityisen tärkeää tukea erossa hänen vanhempiaan, koska hänen turvallisuuden tunteensa on suoraan riippuvainen vanhempien tilanteesta. Keskusteluapu erokriisin työstämisessä on tärkein keino auttaa vanhempia selviytymään. Käytännössä heille tulisi olla saatavana palveluja, jotka mahdollistavat lapsen mukanaolon keskusteluissa. Lapsen jättämistä vieraaseen hoitoon tulee välttää.

TAAPEROIKÄISET (1,5–3 VUOTTA)

Puhekyky alkaa kehittyä kahteen ikävuoteen mennessä, ja lapsen kanssa voi jo puhua erostakin. 1,5–3-vuotias lapsi on hyvin kiinnostunut ympäristöstään ja sen tapahtumista. Hän alkaa tehdä eroa myös itsensä ja muiden välillä, mikä näkyy mm. itsenäistymiskautena (vrt. uhmaikä). Lapselle on eduksi, jos hän voi elää mahdollisimman vakaissa oloissa. Eroavien vanhempien tulisikin pyrkiä takaamaan ennustettava arkipäivä lapselleen. Asioista kertominen esimerkiksi piirtämisen tai nukkien avulla on hyödyllistä.

Lapsi reagoi eroon ja siihen liittyvään jännityksen lisääntymiseen univaikeuksilla, huomionkipeydellä tai takertumisella ja lisääntyneellä itkeskelyllä. Lapsen käyttäytyminen tuo stressiä hänen ja vanhempien suhteeseen, ja monet vanhemmat kokevat varsinkin takertumisen kiusallisena. Lapsen käyttäytyminen heijastelee usein vanhempien mielialoja.

Vanhempien on hyvä varata tavallista enemmän aikaa lapsen kanssa olemiseen. Sylissä pitäminen on nyt hänelle erityisen tärkeää. Päivittäiset rutiinit kannattaa myös tehdä aina samalla tavalla. Lapsi ei kaipaa vaihtelua. On suureksi hyödyksi, jos ystävät ja sukulaiset voivat viettää mukavaa aikaa lapsen kanssa ja antaa samalla hengähdysaikaa vanhemmille. Päivähoidon laatuun kannattaa kiinnittää erityistä huomiota, koska lapsi kaipaa paljon huomiota. Lapsen turvallisuudentunne palautuu, kun elämä jatkuu vakaana riittävän kauan eli yhdestä kahteen vuoteen. Molempien vanhempien tulisi antaa paljon aikaa lapselle, jotta suhde isään ja äitiin kehittyy myönteisesti.

LEIKKI-IKÄISET JA ESIKOULULAISET (3–6 VUOTTA)

Ero on leikki-ikäiselle iso haaste, koska hän haluaa hallita ympäristöään. Hän on oman maailmansa keskipiste ja kuvittelee herkästi olevansa vastuussa vanhempiensa erosta. Syyllisyys vaivaakin monia viisikuusivuotiaita. Lapsen vakuuttaminen hänen syyttömyydestään eroon on suuri haaste vanhemmille.

Lapsen kielellinen kehitys on edennyt, ja hän haluaa keskustella ympäristön tapahtumista. On hyvin tärkeää, että vanhemmat puhuvat erosta mahdollisimman paljon ja selittävät sen syitä lapsen ymmärtämällä tavalla. On kuitenkin selvää, että näin pieni lapsi ei voi ymmärtää kunnolla aikuisten suhteita. Aikuisten tuleekin kertoa eron syyt yksinkertaisesti ja selkeästi käyttäen apuna tarinoita. Lapselle on tärkeää, että vanhemmat työstävät eronsa ja selviytyvät. Vanhempien rauhoittuminen rauhoittaa myös lasta.

Leikki-ikäinen reagoi eroon olemalla kiltti. Hän ei välttämättä uskalla ilmaista vihaansa, jota ero hänessä herättää. Tulevaisuus ja selviytyminen voivat myös huolestuttaa häntä paljon. Monet nukkuvat huonosti ja näkevät painajaisia. Rauhalliset iltahetket ovat lapselle nyt *hyvin* tärkeitä, ja vanhempien kannattaa lukea iltasatuja ja pitää kiinni rutiineista. Nukuttamisesta ei pidä tehdä tuntikausia kestävää tapahtumaa.

Vanhempien yhteistyö kasvatusasioissa on lapselle hyödyksi ja lisää hänen turvallisuuttaan. Selkeät ja turvalliset rajat esimerkiksi nukkumaan menossa ja ruokailussa ovat tärkeitä. Lasta kannattaa myös kannustaa toisen vanhemman tapaamisiin. Hän odottaa lupaa saada olla toisenkin vanhempansa luona. Ikävöiminen kuuluu asiaan varsinkin eron ensimmäisen vuoden aikana.

PERUSKOULULAISET (7–12 VUOTTA)

Kouluikäisten mahdollisuus paeta eron ankeaa todellisuutta vähenee, koska satumaailma alkaa jäädä taakse. He eivät kuitenkaan ymmärrä kunnolla eroa järjellään, mikä tekee tilanteesta tuskallisen. Vanhempien mahdollisuus vaikuttaa lapsen turvallisuudentunteeseen paranee koko ajan, jos asioista keskustellaan avoimesti. On hyvin tärkeää, että lasta ei sotketa aikuisten ristiriitoihin.

Lapsi on herkkä ottamaan kantaa toisen puolesta toista vastaan ja kokee pois muuttaneen vanhemman hyljänneen hänet. On hyvä, jos lapsi voi kysellä vanhemmiltaan erosta häntä askarruttavia asioita. Se vaatii kuitenkin lupaa vanhemmilta, eli vanhempien tulee kertoa, että erosta puhuminen on sallittu. On tavallista, että lapset vaikenevat, jos kokevat asian olevan tulenarka tai jos he joutuvat ottamaan kantaa vanhempansa puolesta tai häntä vastaan.

Minä olen Liisa, kahdeksan vuotta. Olen surullinen, koska kukaan ei enää rakasta minua. Äitini muutti pois ja hylkäsi minut. Minua pelottaa, että jonakin päivänä isä ei enää tule kotiin ja jään ihan yksin. Olen usein yksin huoneessani ja itken. Ero taitaa olla minunkin syytäni.

Lapsen kanssa on tarpeen puhua erosta ja hänen mahdollisista väärinkäsityksistään. Kouluikäinen kuvittelee helposti eron olevan väliaikainen ja vanhempien palaavan vielä yhteen. Hänelle on myös hyvä vakuuttaa, että kumpikin vanhempi rakastaa häntä edelleen.

Ulkopuolinen tuki eron työstämiseksi on suureksi hyödyksi. Peruskoulun alkuvaiheessa oleville onkin tarjolla eniten apua, esimerkiksi eroryhmiä. Olisi myös hyvä, jos koulu kehittäisi työvälineitään erolapsia ajatellen. Suomen korkeat eroluvut kertovat, että huomattava osa koululaisista kokee vanhempien eron. Ero myös vaikuttaa opiskeluun vuosien ajan ja on yksi tavallisimpia alisuoriutumisen aiheuttajia. Koulussa on tärkeää nähdä, että lapsi reagoi eroon useimmiten viiveellä. Hänen reaktionsa voi näkyä käyttäytymisen hankaluutena vasta vuosien päästä eron jälkeen.

Olen Paavo, kahdeksan vuotta. Isä ja äiti erosivat, vaikka vastustin eroa. Näen hirveän harvoin isääni. Kaipaan häntä joka päivä. Olen yrittänyt kertoa koulussa siitä, miltä minusta tuntuu. Kaikki vain nauravat. Siksi joudun usein tappeluun.

Yhteisön tuki auttaa koululaista selviytymään erosta nopeammin. Ero voi olla koulussa asia, josta puhutaan luokassa avoimesti. Niin vältetään erolasten vetäytyminen ja korjataan itsetunnon saamia kolauksia. Eron käsittely luokassa hyödyttää myös niitä lapsia, joiden vanhemmat eivät ole eronneet. Parhaimmillaan erosta voidaan puhua koulussa, kun asia on sovittu lasten vanhempien kanssa. Niin toimien kukaan ei koe yksityisyyttään loukatun.

NUORUUSIKÄ (12–23 VUOTTA)

Nuoruusikä on pitkä elämän vaihe, noin kymmenen vuotta. Se alkaa puberteetilla, jossa ruumiillinen kehitys pakottaa lapsen muodostamaan uuden kuvan itsestään. Kyse ei ole vain uudesta suhteesta omaan ruumiiseen vaan myös lapsen identiteetistä luopumisesta. Lapsi pohdiskelee elämää ja ihmissuhteita. Hän myös kyseenalaistaa vanhempiensa toimintaa eikä välttämättä hyväksy vanhempiensa eroratkaisua. Identiteetin etsiminen tekee nuoruusiästä epävakaan ja joskus myrskyisän, ja vanhempien ero voi silloin tuntua erityisen loukkaavalta. Lapsi joutuu käymään yhtä aikaa läpi eron menetyksiä ja omaa kasvukriisiään. Toinen niistä kärsii vääjäämättä.

Nuoruusiän alussa lapsi saattaa olla kehittynyt ruumiillisesti jo aikuiseksi, mutta on henkisesti edelleen lapsi. Se voi hämätä aikuisia luulemaan, että heidän lapsensa on valmis ottamaan eroajatuksen vastaan aikuisen tavoin. Yli 12-vuotias ymmärtää eroa järjellään jo huomattavasti enemmän kuin nuoremmat lapset. Hän ei ole kuitenkaan valmis keskustelemaan siitä aikuisen tavoin. Hän ei ole missään tapauksessa aikuisen olkapää tai uskottu.

Ero kolauttaa nuoren itsetuntoa ja voi saada hänet vetäytymään tovereidensa parista yksinäisyyteen tai uusien kavereiden pariin. Hän saattaa kokea itsensä vialliseksi, mikä saa hänet hakeutumaan ”vertaistensa” luokse. On siis hyvä, jos lapsen itsetuntoa tuetaan kaikin keinoin ja hänelle annetaan mahdollisuus työstää kasvukriisiään ja vanhempien eroa. Nuoruusikäisille tarkoitettuja eropalveluja on ollut toistaiseksi tarjolla niukasti. He tarvitsevat toipuakseen ikäistensä seuraa ja ohjattua toimintaa. Internet mahdollisuuksineen tuo todennäköisesti helpotusta nuorille lähivuosina.

> Lukion ensimmäisellä en saanut mitään aikaan. Kirjoitin kolmen lauseen aineita äidinkielessä. En saanut kokeissa aikaan mitään tulosta. Olin vain koko ajan huolissani äidistä. Isä oli jättänyt hänet talvella. Viimeiset kuukaudet olivat olleet yhtä helvettiä. Olin aluksi helpottunut isän lähdettyä. Äiti ei koskaan toipunut. Kukaan ei auttanut häntä.
>
> *Kaarlo, 17 v*

Nuoruusiän loppuvaiheessa, yli 18-vuotiaan elämässä, vanhempien ero on edelleen hyvin stressaava kokemus. Nuori saattaa reagoida vahvasti ottamalla kantaa vanhempiensa eroon. Erityisen vaikeana nuori kokee toisen vanhempansa uskottomuuden ja siitä seuranneen eron. Hän asettuu herkästi puolustamaan eron ”uhria” ja tuomitsee syyllisen. Tämä on hänen itsensä kannalta vahinko, sillä hänen energiansa eron työstämiseksi valuu väärään kohteeseen. Olisi nuoren kannalta hyvin toivottavaa, että hänen vanhempansa pitäisivät parisuhteensa ja sen päättymisen omana asianaan eivätkä antaisi lastensa puuttua aikuisten ristiriitoihin.

Kimmolla oli suhde Anneen noin kolmen vuoden ajan ennen sen paljastumista Heidille, hänen vaimolleen. Heidi oli hyvin järkyttynyt ja vihainen. Asiaa ei tehnyt yhtään helpommaksi se, että hän oli pitänyt Annea yhtenä parhaista ystävistään. Heidi haukkui Annen huoraksi sekä tälle itselleen että kaikille tuttavilleen. Perheen lapset Mikko, 18 v, ja Väinö, 15 v, olivat myös järkyttyneitä ja vihaisia isälleen. Kimmon muutettua Annen kanssa asumaan pojat katkaisivat yhteyden häneen.

Vanhempien ero loukkaa usein aikuistumassa olevia lapsia, koska se särkee heidän mielikuvansa perheestä ja vanhempien suhteesta. Heidän käsityksensä avioliitosta ja parisuhteesta on vielä ihanteellinen. Ihanteiden romuttuminen on katkera pettymys. Toisaalta aikuistuva nuori pystyy hyvin ymmärtämään vanhempiensa elämää, jos hän voi keskustella siitä vanhempiensa kanssa. On molempien vanhempien asia tukea lapsiaan keskusteluyhteyteen myös toisen vanhemman kanssa.

Aikuistuvat nuoret saattavat olla joskus aktiivisia erossa nähdessään toisen vanhemmista kärsivän suhteessa. Tyypillinen esimerkki on alkoholin väärinkäytön aiheuttama kärsimys vanhempien elämässä. Tällöin nuoret saattavat painostaa toista vanhempaansa eroamaan. On varmasti totta, että joskus hyväksikäyttösuhteen päättäminen vaatii eroa. Olisi kuitenkin hyvin toivottavaa, että omien lasten ei tarvitsisi järjestellä isän ja äidin elämää ja auttaa heitä eroamaan.

AIKUISET LAPSET

Ero ei ole ilmoitusasia edes aikuisille lapsille. Yhä useampi meistä joutuu kokemaan vanhempiensa eron vasta aikuisina. Yli 50-vuotiaiden erot ovat arkipäivää. Kolmenkymmenen vuoden liiton päättyminen on yleensä pitkän harkinnan tulos. Se merkitsee melko perusteellisia muutoksia ikääntyvän ihmisen elämässä, eikä sitä sen vuoksi tehdä kevein perustein. Suhde on kehittynyt epätyydyttäväksi pitkän ajan kuluessa, ja usko sen paranemiseen on hiipunut kokonaan. Vanhuuden pelko voi myös saada ainakin miehet takertumaan nuoruuteen solmimalla suhteen nuorempaan kumppaniin.

Raimo lähestyi 60 ikävuoden rajapyykkiä. Se oli hänelle kauhistus. Hänen pelkonsa oli päätyä toisista riippuvaiseksi vanhukseksi; siksi hän haki itselleen elämänkokemuksia lähes ahdistuneella vimmalla. Hän harrasti intohimoisesti liikuntaa ja kävi opiskelemassa kieliä. Sen lisäksi hän piti yllä kolmea rinnakkaissuhdetta vaimoaan nuorempiin naisiin. Hän ei toivonut eroa, mutta vähitellen Raimon uskottomuus alkoi murentaa liittoa, ja hänen vaimonsa Anne haki eroa perheen aikuisten lasten tuella. Raimo jäi yksin nuolemaan haavojaan.

Yhdessä rakennetun elämän purkaminen tuottaa tuskaa ja ongelmia. Yhteinen omaisuus joudutaan jakamaan. Pari joutuu luopumaan yhteisestä vanhuudesta, ja ainakin toinen joutuu usein olemaan yksin, ilman kumppania, elämänsä viimeiset vuodet tai vuosikymmenet. Ero häiritsee suhdetta omiin lapsiin ja lastenlapsiin. Heidänkin mielikuvansa tulevaisuudesta on nyt särkynyt. Joitakin aikuisia lapsia vaivaa myös eron tuottama taloudellinen menetys. Heidän perintönsä saattaa huveta huomattavasti suunnitellusta. Joskus aikuiset lapset ottavat voimakkaasti kantaa myös taloudellisiin kysymyksiin.

Olisi hyvä, jos sukupolvien välinen raja säilyisi myös silloin, kun aikuiset lapset joutuvat todistamaan vanhempiensa eroa. Vanhemmat elävät oman elämänsä, lapset omansa.

Luku 12

Lasten huolto ja tapaaminen

> Vaimoni oli avioliittoomme aikana melkoisen epävakaa ihminen. Hän ei pystynyt huolehtimaan lapsistamme eikä omasta työstään. Eron jälkeen hän syrjäytti minut vanhempana täysin, sosiaalityöntekijöiden tuella. Tapaan lukioikäisiä lapsiani nykyään kerran vuodessa, salaa ex-vaimoltani.
>
> *Taisto, 43 v*

MISSÄ LAPSET ASUVAT?

Lapsen asiat tulisi hoitaa eron jälkeen hänen etunsa mukaan ja häntä kuunnellen. Vanhempien vilpitön halu näyttääkin yleensä olevan ajatella *lapsen parasta.* Vanhempia vaivaa eron syyllisyys ja halu hyvittää lapselle aiheutettua tuskaa. Vanhempien tunne-elämä on suuressa myllerryksessä, ja samaan aikaan he joutuvat tekemään lastaan koskevia suuria päätöksiä. Yksi perustavanlaatuinen ratkaisu on lapsen asumisen järjestäminen eron jälkeen.

Lapsen asumisen järjestäminen on vanhempien vastuulla. Heidän tulee tehdä sopimus siitä, miten lapsi tai lapset asuvat eron jälkeen. He joutuvat kääntymään ulkopuolisten puoleen, mikäli he eivät pääse sopimukseen keskenään. Vanhempien ohjenuorana on järjestää lapsen asiat tämän etua ajatellen. Onko parempi, että lapsi asuu isän luona vai äidin luona vai yhtä paljon molempien luona? Kumpi vanhemmista pystyy tarjoamaan lapselle paremman kodin?

Suurin osa vanhemmista näyttää pääsevän sopimukseen lapsen asumisesta melko kivuttomasti. Monesti päädytään siihen, että lapset jäävät entiseen kotiinsa toisen vanhempansa kanssa ja toinen vanhemmista muuttaa pois. Lapselle tuttuun kotiin jääminen on yleensä paras vaihtoehto, sillä se minimoi eroon liittyviä muutoksia. Hän säilyttää suhteen ympäristöönsä, kouluun tai päivähoitoon, ystäviinsä, harrastuspaikkoihinsa ja koko fyysiseen ympäristöönsä. Fyysisen ympäristön merkitystä lapsen turvallisuudelle ei pidä aliarvioida.

Pulmallisinta on, että perheen hajotessa myös perheenjäsenten suhteet muuttuvat. Lapsen ja muualla asuvan vanhemman suhde muuttuu etäisemmäksi, koska he eivät enää jaa arkipäivää. Silloinkin, kun lapsi asuu lähes yhtä paljon molempien vanhempien kanssa, suhteiden koetaan muuttuvan etäisemmiksi ainakin lapsen ollessa hyvin nuori. Vanhemmat kokevat usein joutuvansa luopumaan suhteesta lapseen, mikä voi aiheuttaa myös erimielisyyksiä asumisen järjestämisessä. Aktiivisesti lapsen elämässä olleet isä ja äiti eivät voi mitenkään osallistua yhtä paljon lapsen elämään kuin ennen eroa.

Juuso ja Annika erosivat hyvin riitaisissa tunnelmissa. He olivat olleet paljon kahden pienen lapsensa kanssa ja halusivat olla paljon heidän kanssaan myös eron jälkeen. Annika halusi ensin lapset asumaan luokseen, mutta ymmärsi Juusonkin haluavan heitä itselleen. Niinpä he päättivät tehdä sopimuksen vuoroasumisesta. Lapset asuivat sen mukaan kaksi viikkoa kerrallaan toisen vanhemman luona, ja sinä aikana toinen vanhemmista sai tavata lapsia aina keskiviikkoiltaisin. Annika ei ollut käytäntöön tyytyväinen, sillä hän halusi tavata lapsiaan useammin kuin sopimus edellytti. Hän myös epäili, että Juuso ei hoida lapsia oikein. Vanhemmat eivät olleet keskusteluyhteydessä, ja Annika päätti ottaa yhteyden viranomaisiin saadakseen lapset asumaan kokonaan luokseen. Siitä syntyikin iso riita.

Lain mukaan lapsen asumisessa on otettava huomioon lapsen etu. Lapsen edun määritteleminen ei ole kuitenkaan kovin yksinkertaista. Useimmiten molemmat eroavat vanhemmat ovat täysin kelvollisia vanhempia ja molemmat voivat tarjota hyvän kodin lapselleen. Sekä isä että äiti ovat myös psykologisten tutkimusten mukaan yhtä hyviä toimimaan vanhempina. Asumisesta riiteleminen johtaakin helposti tilanteeseen, jossa yhä useampi ulkopuolinen puuttuu asiaan ja mutkistaa sitä. Erimielisyyksiä kohdattaessa on todella järkevää hakea sopua esimerkiksi perheasiain sovittelun avulla.

Perinteinen asumisratkaisu on, että lapsi tai lapset jäävät asumaan toisen vanhemman kanssa ja toinen vanhemmista tapaa heitä säännöllisesti. Useimmiten lapset ovat jääneet erossa äitinsä luokse, jolloin hänestä on käytetty nimitystä ”yksinhuoltaja”. Se ei ole kuitenkaan virallinen nimitys eikä läheskään aina edes oikeudenmukainen, sillä useimmiten lapsella on elämässään myös toinen aktiivinen vanhempi.

Useimmiten eroavat vanhemmat ovat tehneet lapsen edun mukaisen sopimuksen asumisesta, mutta niin ei kuitenkaan aina ole. Sekin on ymmärrettävää, koska lapsen etua on erotilanteessa joskus melko vaikea määritellä. Lapsen etu koostuu monesta osatekijästä, ja se on nähtävä kauaskantoisesti. On myös tärkeää ymmärtää, että lapsen selviytyminen erosta on hänen elämänsä kannalta todella merkittävä asia. Seuraavassa on joitakin lapsen etua määrittäviä asioita arvioinnin helpottamiseksi.

MITEN LAPSEN KÄY VANHEMPIEN EROSSA?

MIKÄ ON LAPSEN ETU?

Seuraavat asiat ovat lapsille hyvin merkityksellisiä:

Miten aikuiset työstävät eroaan? Onko heillä verkosto, jossa he voivat käydä erokriisiään läpi? Vanhemmat voivat parhaiten nähdä lapsen edun ja tukea häntä eron menetyksissä, jos he ovat itse käyneet erokriisinsä läpi kunnolla. Vanhemmille on tarjolla monenlaisia palveluja, kuten Fisherin eroseminaareja ja muita eroryhmiä sekä yksilöllisiä keskusteluja muun muassa kunnan perheneuvonnassa.

PERUSTELU: Lapset selviytyvät, jos vanhemmat selviytyvät.

Miten lapselle on kerrottu erosta? On tärkeää, että omat vanhemmat voivat puhua erosta lastensa kanssa. (Tutkimusten mukaan vain 5 % lapsista saa tietoa erosta omilta vanhemmiltaan.) Säästä lapsesi yksityiskohdilta, kuten rahariidoilta ja pettämisiltä ja anna lapsellesi hänelle ymmärrettävä selitys. Lapselle on eduksi, jos vanhemmat kertovat yhteisen selityksen yhdessä. Lasta ei saa asettaa välikäteen erosta puhuttaessa.

PERUSTELU: Lasten tulee tietää, miksi vanhemmat erosivat, jotta he voivat selviytyä. Lapsen itse kehittämä selitys saattaa olla täysin virheellinen.

Vanhemman tai vanhempien tulee tarjota lapselle mahdollisuuksia työstää eroaan ja siihen liittyviä tunteitaan, kuten pelkojaan, vihaansa ja suruaan. Saako lapsi siihen puolueettoman mahdollisuuden? Sellaisia ovat lasten eroryhmät tai puolueettomat aikuiset. Lapsen tulee saada rakastaa molempia vanhempiaan joutumatta kokemaan toista pahaksi. Vanhempien tulee ymmärtää, että lapsen tunteet ja aikuisten tunteet eivät ole samoja.

PERUSTELU: Ero koskettaa lapsia syvästi. Heidän pitää saada mahdollisimman hyvät eväät elämäänsä ja kaikki tarjolla oleva tuki myös eron työstämiseen.

Kysymys vanhemmille: Miten aiot tukea toisen vanhemman osallistumista lapsen elämään? Muista, että se on sinun tehtäväsi.

PERUSTELU: Lapselle on pyrittävä turvaamaan molemmat vanhemmat eron jälkeen. Toisen vanhemman syrjäyttämiseen pyrkivä toiminta on usein lapsen edun vastaista.

Lapsen asumisesta on sovittava lapsen edun mukaisesti. Normaalisti lapsella on yksi koti, josta käsin hän käy tapaamassa toista vanhempaansa. Toisen vanhemman luona hän ei kuitenkaan ole vieraana, vaan hänellä on oma tila olla kotoisasti. Paras tapa päättää lapsen edun mukaisesta asumisesta ja tapaamisesta on vanhempien yhteistyössä tekemä sopimus, jossa lapsen etu on huomioitu. On tärkeää, että lapsi ei joudu päättämään asumisestaan, vaikka häntä kuullaankin.

PERUSTELU: Lasta koskevat sopimukset toimivat parhaiten, kun vanhemmat tekevät ne lapsen edun mukaisiksi ja kulloisenkin elämäntilanteen huomioivaksi.

Lapsen ja vanhempien tapaamiset pitää järjestää niin, että suhde molempiin vanhempiin voi kehittyä myönteisesti. Tapaamisten on oltava määrällisesti ja laadullisesti riittäviä, ja niissä on otettava huomioon lapsen iän tuomat haasteet. Pienen, alle 3-vuotiaan lapsen suhde muualla asuvaan vanhempaan vaatii tiiviitä tapaamisia, mutta ei välttämättä öitä poissa kotoa.

PERUSTELU: Lapsella on oikeus molempiin vanhempiinsa.

Lasta on kuultava ja hänen kanssaan on keskusteltava hänen kehitystasonsa huomioivalla tavalla. Lapsi ei ole objekti vaan tasavertainen osapuoli. Lapsen kuuleminen tarkoittaa hänen tarpeidensa aitoa selvittelemistä, ei vain hänen mielipiteensä kysymistä. Lapsen on tiedettävä, että hänen asumisestaan päättävät aina aikuiset, vaikka hän saakin tuoda omat näkemyksensä esille.

PERUSTELU: Lapsella on oikeus tulla kuulluksi itseään koskevissa asioissa.

Lapsi pitää vapauttaa vanhempien ristiriidoista eikä häntä tule kuormittaa niillä. Häntä ei pidä vetää mukaan vanhemman tavoitteisiin esimerkiksi lahjomalla, uhkailemalla tai lupailemalla etuja.

PERUSTELU: On lapsen etu, että hän voi luottaa vanhempiensa kykyyn tehdä oikeat päätökset ja ratkaisut. Vanhempien yritykset liittoutua lapsen kanssa toista vanhempaa vastaan eivät ole lapsen edun mukaisia.

Edellä oleva luettelo kertoo asioista, jotka auttavat vanhempia ja lasta selviytymään erosta ja elämään mahdollisimman tasapainoista elämää eron jälkeen. Luettelon asiat eivät suoraan kerro siitä, miten lapsen asuminen tulee järjestää. Ne antavat kuitenkin monia vihjeitä siitä, mikä on lapsen etu ja mikä on taas hänen etunsa vastaista. On helppo päätellä, että lapsen kannattaa asua nimenomaan sen vanhemman luona, joka pystyy paremmin toteuttamaan lapsen parasta.

Vanhempien on pyrittävä aidosti tutkimaan, mikä on heidän lapsensa tai lastensa etu, eikä lähteä kiistelemään, kuka saa erossa eniten. Joskus lasten edun näkeminen on myös sitä, että toinen vanhemmista luovuttaa. Hän ei lähde kiistelemään tai riitelemään oikeudessa lapsista, koska tietää sen olevan tuhoisaa. Samoin vihan vallassa olevan eronneen äidin tai isän on ymmärrettävä, että hän ei ole täysin harkintakykyinen ennen kuin on päässyt eroprosessissaan pidemmälle.

Sopimusta tehdessään vanhemmat voivat myös hyödyntää asiantuntijoita, kuten kunnan lastenvalvojia, jotka voivat ottaa kantaa lasten etuun liittyvissä asioissa. On ymmärrettävää, että isojen ratkaisujen tekeminen yksin elämänkriisin keskellä on usein liian haastavaa. Sopimukseen pääseminen on aina parempi ratkaisu kuin asioiden riitauttaminen ja vieminen oikeuteen. Ennen oikeudenkäyntiä on aina mahdollisuus turvautua perheasiain sovitteluun.

Voit voittaa paljon, jos lähdet jo heti eron alkuvaiheessa ennen eron hakemista pohtimaan kumppanisi kanssa lapsen kannalta mahdollisimman rakentavaa eroa. Voitte yhdessä suunnitella elämänne eron jälkeen lapsen ehdoilla ja tukea siten hänen kasvuaan ja kehitystään tasapainoiseksi aikuiseksi. Lapsenne tulee kiittämään teitä myöhemmin elämässään.

Tällainen 2000-luvun alun uusi erokulttuuri on syntymässä ja leviämässä Suomeen. Olisi hyvä, jos viranomaisverkostot tukisivat tätä kehitystä. Lapsen ja eronneen kannalta on tärkeää, että ensimmäinen ohje tai tieto eron hoitamisesta vie hänet oikealle polulle. Valitettavasti eroaville on tarjolla myös paljon huonoja neuvoja. Kaikki viranomaisetkaan eivät ole erokysymyksissä ajan tasalla.

ERILAISIA ASUMISRATKAISUJA

Perheen hajotessa moni asia muuttuu. Saattaa olla, että kumpikaan vanhemmista ei voi pitää perheen omistamaa asuntoa tai vuokrata sitä yksin. Aika moni eronnut perhe joutuu jättämään kotinsa ja muuttamaan toiseen asuntoon. Asunnon hankkiminen ja ylläpitäminen on myös taloudellinen ratkaisu. Lapsen etua on arvioitava myös vanhempien eron jälkeisten asuntojen tarjoamien kasvumahdollisuuksien mukaan, ja arviointikriteerejä ovat mm. lapsen koulunkäynti, harrastukset ja ystävyyssuhteet. Aiempi suhde vanhempiin on yleensä myös hyvin ratkaiseva. Asuminen sovitaan usein sen vanhemman luokse, jolla on läheisempi suhde lapseen.

Risto ja Riitta päättivät erota, koska Riitta oli jo monen vuoden ajan ollut tyytymätön elämäänsä Riston rinnalla. Heillä on kaksi yhteistä lasta, joista vanhempi, Tuuli, kävi lukiota ja nuorempi, Veeti, peruskoulun kolmatta luokkaa. Riitta halusi, että Veeti jatkaa asumista isänsä kanssa perheen yhteisessä talossa ja että Tuuli muuttaa hänen luokseen uuteen kotiin ja samalla toiseen lukioon. Risto ei ollut kuitenkaan varma, pystyykö hän lunastamaan Riitan osuuden talosta. Sen vuoksi Riitta halusi antaa maksuaikaa, jotta Risto näkee ajan myötä omat voimavaransa.

Sopimus syntyi, ja Tuuli muutti äidin kanssa uuteen kerrostalokaksioon kaupungin keskustaan, Veeti jäi isän kanssa entiseen kotiin. Alussa kaikki tuntuivat sopeutuvan tähän ratkaisuun. Riitta alkoi kuitenkin seurustella uuden miehen kanssa melko pian, eikä Tuuli sen vuoksi halunnut enää asua äidin kanssa, vaan muutti takaisin entiseen kotiin. Riitta ymmärsi Tuulin henkiset esteet eikä alkanut kiistellä asiasta.

Riitan ja Riston ratkaisu oli siinä mielessä harvinainen, että lapset asuivat eron jälkeen eri kodeissa. Pääsääntönä on aina pidetty sitä, että lapset eivät joudu eroamaan toisistaan. Lasten vanhemmat voivat kuitenkin päättää asian myös toisin, jos sille on hyvät perustelut heidän elämässään. Riston ja Riitan alkuperäinen sopimus oli hyvin ymmärrettävä ja täysin hyväksyttävä. Sen perusteluna olivat lasten tarpeet eikä se, että molemmat vanhemmat saavat yhden lapsista (=tasajako). Molemmat vanhemmat näkivät myös, että yhdeksänvuotiaan pojan kannalta jääminen samaan kotiin isän kanssa oli ihanteellinen ratkaisu näissä olosuhteissa. Veeti saattoi jatkaa samassa koulussa ja samojen urheiluharrastusten parissa kuin ennenkin.

Keijo, 39 v, toimi rakennusurakoitsijana eräässä pienessä kaupungissa. Hänellä oli kaksi murrosikäistä tytärtä ja vaimo Kristiina, 40 v. Pari oli ollut naimisissa 18 vuotta. Ero oli kuitenkin pantu vireille, koska Keijo muutti asumaan toisen naisen, 29-vuotiaan Lauran, luokse. Keijolla ja Kristiinalla oli tilava omakotitalo, johon molemmat vanhemmat toivoivat voivansa jäädä eron jälkeen lastensa kanssa. Keijo tosin halusi tuoda taloon myös Lauran ja tämän kolme pientä lasta. Laurakin oli eronnut vuotta aikaisemmin. Onneksi Keijo ja Kristiina olivat puheväleissä ja pystyivät puhumaan asiasta myös lastensa kanssa. Nämä halusivat asua äidin kanssa, koska olivat olleet hänen kanssaan tiiviisti tähänkin asti Keijon ollessa ”aina” töissä. Keijo ymmärsi tilanteen ja näki lastensa parhaan.

Lasten ja vanhempien suhteiden kannalta on hyvä, jos he eivät joudu asumaan kovin kaukana toisistaan. Vanhempien työpaikat ja asuntotilanne saattavat kuitenkin vaikuttaa siihen, että ihanteellista ratkaisua ei löydetä. Lasten ja toisen vanhemman tapaamisten toteuttaminen on raskasta, jos välimatka käy pitkäksi. Joskus lapset joutuvat reissaamaan satoja kilometrejä tavatakseen toisen vanhempansa.

Lasten tapaamismatkat suuntautuvat yhä useammin toiseen maahan tai maanosaan. On hienoa, että lapsen ja kaukana asuvan vanhemman suhdetta pyritään pitämään yllä, mutta järjestelyissä on otettava myös huomioon lapsen voimavarat. On myös lapsen edun vastaista muuttaa tarkoituksella mahdollisimman kauas, jotta toisen vanhemman on vaikea tavata lasta. Vanhempien on siis syytä työstää omaa eroaan, jotta he pystyvät paremmin näkemään lapsen tarpeet.

ONKO LAPSELLA KAKSI KOTIA?

Eron jälkeen toinen vanhemmista on yleensä niin sanottu lähivanhempi ja toinen niin sanottu tapaajavanhempi. Tasapuolisimmillaan lapset asuvat yhtä paljon molempien vanhempiensa luona. *Vuoroasuminen* on yleensä järjestetty niin, että lapsi asuu vuoroviikoin tai kahden viikon jaksoissa eri kodeissa. Tällainen asumisjärjestely takaa hyvin sen, että molemmat vanhemmat pysyvät tiiviisti lapsen elämässä. Vuoroasuminen lisääntyy koko ajan, koska modernissa perheessä sekä isä että äiti ovat aktiivisesti mukana lapsen huollossa ja kasvatuksessa. Eron jälkeen kumpikaan ei halua luopua tärkeästä roolistaan lapsen elämässä. Eronneen miehen rooli lapsen elämässä on muuttunut vuosikymmenten kuluessa elatusvelvollisesta aktiiviseksi yhteishuoltajaksi ja kasvattajaksi.

Vuoroasuminen on tavallisempaa Ruotsissa kuin Suomessa. Ruotsista kantautuneet tiedot korostavat sen hyviä puolia. Niitä on tuotu tarkoituksellisesti esiin perusteluksi vuoroasumisen lisäämisen tarpeellisuudesta myös Suomessa. Toivon mukaan asiasta ei kuitenkaan tehdä mustavalkoista kiistakysymystä, jossa puolustajat ja vastustajat käyvät kiivaasti toistensa kimppuun. Silloin nimittäin itse pääasia, lapsen hyvinvointi, unohtuu. Suomessa on tehty joitakin vuoroasumista koskevia selvityksiä tai tutkimuksia, joiden antama tieto on ristiriitaista. Käytännön havainnot ovat niin ikään ristiriitaisia.

Annukka ja Timo päättivät erota rakentavasti ja tehdä erosta lapsilleen mahdollisimman helpon. He halusivat kaikkien perheenjäsenten kokevan, että ero ei mullista elämää ja että he voivat hyvin olla edelleen tekemisissä keskenään. Timo hankki asunnon aivan läheltä yhteistä kotia, jotta lapset voivat helposti siirtyä kodista toiseen. Heidän pienet lapsensa tottuivatkin vuoroasumiseen pian, ja kaikki olivat tyytyväisiä. Naapureiden mielestä heidän elämänsä näytti niin hyvältä, että he ihmettelivät, miksi pari ylipäänsä erosi.

Janne ja Mia sopivat erottuaan, että heidän ainoa lapsensa Valtteri, joka oli eron aikaan kolmevuotias, saisi pitää molemmat vanhempansa. He molemmat halusivat olla Valtterille tärkeitä ja päättivät jakaa poikansa elämän kahteen osaan. Heidän suhteensa oli eron jälkeen hyvin kireä, eivätkä he pystyneet sopimaan esimerkiksi Valtterin tarvitsemista tavaroista. Mitään ei kuljetettu kodista toiseen, vaan kaikkea piti olla aina kaksi kappaletta. Molemmat aikuiset alkoivat tajuta, että heidän elämänsä ei onnistu enää samaan tyyliin, kun Valtteri aloittaa koulunkäynnin.

Vanhemmat eivät päässeet sopimukseen uusista järjestelyistä, ja he kääntyivät sen vuoksi perheneuvolan puoleen. He halusivat, että perheneuvolan psykologi selvittää, mitä Valtteri haluaa. Kumpikin sanoi tyytyvänsä pojan tahtoon. Psykologi ei suostunut kuitenkaan heidän toimeksiantoonsa, vaan vaati heitä työskentelemään Valtterin tarpeiden selvittämiseksi asumisratkaisun tekemistä varten. Tavoitteena oli saada aikuiset tekemään ratkaisu eikä sysätä sitä pienelle pojalle. Ennen koulun alkua Valtterin asuminen muutettiinkin sellaiseksi, että hän kävi koulua yhdestä kodista käsin, mutta tapasi erittäin usein myös toista vanhempaansa.

Hyvin toimiessaan vuoroasuminen näyttää olevan ihanteellinen ratkaisu. Sen toimivuus riippuu kuitenkin lasten iästä, asuntojen välimatkasta, koulun sijainnista, ystävyyssuhteista, harrastuksista ja vanhempien yhteistyökyvystä. Luonteva ja joustava yhteistyö kahden kodin kesken saa vuoroasumisen toimimaan; eripura tai kilpailu kotien kesken voi sen sijaan pilata sen. Lapsen ikä vaikuttaa usein sen toimivuuteen.

Vuoroasumisen ei tarvitse olla kiveen hakattu ratkaisu. Lapsen tilanteen muuttuessa voidaan myös asuminen järjestellä uudelleen. Puhuminen kahdesta kodista on eron jälkeen tavallista, mutta se on kuitenkin aikuisten kieltä. Lapsi määrittelee useimmiten, myös vuoroasumisessa, toisen kodin ”oikeaksi” kodikseen.

Vuoroasumista puoltavia seikkoja:

- Eronneiden vanhempien hyvä yhteistyö.
- Asunnot ovat lähekkäin ja samanveroisia muutenkin.
- Lapsen tarpeet on kunnolla selvitetty, ja ne puoltavat ratkaisua.
- Vuoroasuminen sopii lapsen ikään ja sosiaaliseen elämään.
- Vanhemmat ovat selvittäneet erokriisinsä.
- Kumpikin vanhempi pystyy huolehtimaan lapsen tarpeiden tyydyttämisestä.
- Vanhempien kasvatukselliset näkemykset ovat lähellä toisiaan.

Vuoroasumista vastaan olevia asioita:

- Riitaisa eronjälkeinen elämä.
- Monimutkaiset uusperhekuviot.
- Ratkaisu perustuu aikuisten tarpeisiin eikä lapsen tarpeisiin.
- Asunnot ovat etäällä toisistaan ja eriarvoisia.
- Joustamaton toiminta arkipäivässä.
- Eron viha estää yhteistyön.
- Vanhempien erokriisi on selvittämättä.

- Lapsen, sosiaalinen elämä häiriintyy jatkuvasti.
- Lapsi ahdistuu, koska ei koe elämää vakaaksi.
- Molemmat vanhemmat eivät osaa huolehtia lapsen tarpeista.
- Vanhemmilla hyvin erilaiset kasvatustavoitteet.
- Lapsi joutuu päätöksentekijäksi.

Lapsen ja etävanhemman suhde riippuu suuresti siitä, miten paljon he tapaavat toisiaan. Useat tapaamiset ylläpitävät suhdetta, ja aikuinen voi siten olla lapsen elämässä tärkeä. Se edellyttää kuitenkin myös sitä, että toinen vanhemmista tukee lapsen ja muualla asuvan vanhemman suhdetta. Minimiratkaisuna voidaan pitää perinteistä asumisratkaisua, jossa toinen vanhemmista, yleensä äiti, asuu lasten kanssa, ja toinen tapaa heitä joka toinen viikonloppu. Asiaa on tällöin tuskin pohdittu kovin syvällisesti lapsen edun ja tarpeiden kannalta, vaan vanhat käytännöt ovat juurtuneet ja alkaneet elää omaa elämäänsä.

Yhteiskunnan huomio on kiinnittynyt erityisesti äidin ja lasten eronjälkeiseen elämään. Yksinhuoltajaperheitä on käytetty usein esimerkkinä sosiaalipolitiikan kentällä. Tosiasiassa on kuitenkin niin, että perheiden elämä eron jälkeen on hyvin monimuotoista eikä perheitä pidä niputtaa samaan kategoriaan. Valitettavasti on kuitenkin totta, että etävanhemman ja lasten suhteeseen ei ole kiinnitetty huomiota, vaan yhteiskunnan tukitoimet kohdistuvat lähes kokonaan lähivanhemman ja lasten muodostamaan perheeseen.

Lapsen edun näkeminen edellyttää toisenlaista suhtautumista ja hänen elämänsä hahmottamista kokonaisuutena, jossa ovat eron jälkeen mukana molemmat vanhemmat. Suhde etävanhempaan muuttuu yhä etäisemmäksi, jos siihen ei panosteta riittävästi. Mitä perinteisemmät perheen sukupuoliroolit ovat olleet, sitä todennäköisemmin isän ja lapsen suhde etääntyy eron jälkeen.

Lapsen kannalta paras asumisratkaisu ottaa huomioon hänen ikänsä, elämäntilanteensa ja tarpeensa monipuolisesti. Sellainen ratkaisu on myös joustava, mutta ei kuitenkaan epämääräinen. Elämän pitää olla ennustettavaa, sillä se merkitsee lapselle turvallisuutta. Vanhempien asumisesta tekemät sopimukset pyrkivät takaamaan lapselle isän ja äidin sekä parhaat mahdolliset kasvuedellytykset.

Monet ovat oma-aloitteisesti pyrkineet pidentämään lapsen aikaa etävanhemman luona pidentämällä viikonloppuja esimerkiksi torstaista maanantaihin. Vanhempien työ, esimerkiksi vuorotyö, voivat myös pakottaa hakemaan luovempia vaihtoehtoja kuin joka toinen viikonloppu -malli. Kunnan lastenvalvojan kanssa voi keskustella lapsen asumiseen ja tapaamiseen liittyvistä asioista, ja häneltä saa tarvittaessa myös neuvoja.

LAPSEN TAPAAMINEN

Lapsen oikeus tavata vanhempaansa on tärkeä osa suomalaista lainsäädäntöä. Vanhempien velvollisuus on järjestää lapselleen mahdollisuus viettää aikaa myös muualla asuvan vanhemman luona. Vanhempien on syytä tehdä tapaamisesta kunnollinen sopimus, jotta he voisivat välttää tapaamiseen liittyvät erimielisyydet. Normaalisti vanhemmat sopivat asian keskenään kirjallisesti ottaen huomioon lapsensa tarpeet. Kunnan sosiaalitoimi vahvistaa sopimuksen ja huolehtii, että se on lapsen edun mukainen. Sen vuoksi tässä asiassa on hyvä olla yhteydessä kunnan lastenvalvojaan.

Joskus tapaamisasiat päätetään oikeudessa. Tämä on tarpeen erityisesti silloin, kun epäillään tapaamisista olevan haittaa lapselle. Vanhemman päihdeongelma, rikollisuus, pedofilia tai mielenterveysongelmat voivat luoda uhkia lapselle tapaamisten aikana. Sen vuoksi tapaamisia voidaan rajoittaa määrällisesti tai ne voivat olla valvottuja. Valvotun tapaamisen aikana mukana on ulkopuolinen aikuinen varmistamassa lapsen turvallisuuden.

Lapsen ja vanhemman tapaamisten on tarkoitus niveltyä luonnolliseksi osaksi muuta elämää. Niiden ei ole tarkoitus olla juhlahetkiä ja erikoiskohtelua. Lapselle on tärkeintä, että tapaava isä tai äiti antaa hänelle aikaansa ja huomiotaan. Eron vanhemmille aiheuttaman syyllisyyden ei tarvitse johtaa hyvittelyyn ja lahjomiseen. Lapsi tarvitsee turvallisuutta, jota kasvatukselliset rajat hänelle antavat.

Vanhempien ei pidä luopua auktoriteettiasemastaan. Lapsen ikä asettaa suuria haasteita tapaamisille. Jokaisessa ikävaiheessa lapsi kaipaa juuri omaan ikäänsä kuuluvia toimintoja. Sen vuoksi tapaamiset ovat joskus hankalia, jos lapsia on useita ja kaikkien tarpeita ei voida aina huomioida. Silloin joudutaan usein toimimaan pienempien lasten ehdoilla.

Tapaavalla vanhemmalla tulisi olla koti, jossa lasten on hyvä käydä ja yöpyä. Liian ahdas asunto tekee tapaamisista helposti hermoille käyviä. Lapsilla tulisi olla tilaa itselleen ja muun muassa oma sänky. Vanhemmalla tulisi myös olla perustarvikkeita lapsen hoitoon, varavaatetusta, harrastusvälineitä ja muita lapsen tarvitsemia tavaroita. Ennen pitkää tapaajavanhemmallakin on yleensä uusi perhe, ja entisen liiton lasten tulee löytää paikkansa myös uudesta perheestä.

Kuusivuotiaan Einon isä ja äiti erosivat, koska Einon äiti oli ollut salasuhteessa toisen miehen kanssa ja tuli tälle raskaaksi. Äiti muutti asumaan kolmensadan kilometrin päähän uuteen perheeseen, jossa oli jo kaksi alle kouluikäistä lasta. Eino kävi joka kolmas viikonloppu äidin luona. Vauvan synnyttyä äiti ei ehtinyt olla kovin paljon Einon kanssa. Uusi mies oli sitä mieltä, että hänen ei tarvitse olla Einon kanssa, koska hänellä on omiakin lapsia. Eino oli allapäin, koska hänestä tuntui, että kukaan ei välitä hänestä. Hän ei halunnut olla äidin luona ollessaan sisällä asunnossa vaan aina ulkona. Lastensuojeluviranomaiset puuttuivat Einon elämään, kun naapurit tekivät ilmoituksen iltamyöhällä pihapuissa kiipeilevästä pikkupojasta. On selvää, että tapaamiset eivät olleet lapsen edun mukaisia.

Onneksi lasten tapaamiset alkavat yleensä sujua, kun perheenjäsenet tottuvat eron tuomiin muutoksiin. Ensimmäiset vuodet ovat vielä sopeutumista eroon ja samalla menetysten suremista. Jokainen tapaaminen ja siirtyminen kodista toiseen aktivoi erokokemuksia. Se näkyy myös koulussa, jossa voi viikonlopun jälkeen olla levotonta lasten tavattua muualla asuvaa vanhempaansa. Tapaamisten aiheuttama levottomuus on saanut joskus toisen vanhemman epäilemään tapaamisten olevan jopa haitallisia lapselle. Johtopäätös on kuitenkin liian rohkea. On luonnollista, että lapsi joutuu käymään läpi eron tunteita ja reagoimaan eron aiheuttamiin elämänmuutoksiin. Viikonloput nostavat esille eron tunteet ja aiheuttavat eroon liittyviä reaktioita.

TAPAAMISRISTIRIIDAT

Eronneiden vanhempien kysymykset koskevat useimmiten tapaamisia. Toisinaan tapaava vanhempi kokee toisen häiritsevän tapaamisia tai rajoittavan niitä. Toisinaan taas lasten kanssa asuva vanhempi epäilee tapaamisten olevan lapsille haitaksi ja kieltäytyy luovuttamasta lapsia toiselle vanhemmalle. Valitettavasti on niitäkin tapaajavanhempia, jotka lupaavat hakea lapsen tapaamiseen, mutta "unohtavat" asian. Lapsi kokee sen hylkäämisenä ja äärimmäisen turhauttavana tekona, jota ei voi puolustella.

Suurin osa tapaamisriidoista syntyy sen vuoksi, että vanhempien tapaamissopimus ei ole riittävän tarkka. Sopimuksen tulee olla niin yksityiskohtainen, että sitä ei tarvitse tulkita. Siihen tulee sisällyttää ainakin seuraavia asioita:

- Tapaamisten määrä eli kuinka monta päivää/kk.
- Tapaamisten ajankohta, esim. parillisina viikkoina torstaista klo 18 sunnuntaihin klo 18.
- Kuka kuljettaa lapset tapaamisiin ja sieltä pois?
- Kuka maksaa kuljetuksen, jos se on maksullinen (esim. juna tai linja-auto)?
- Kuka antaa lapsille aterian tulopäivänä ja lähtöpäivän lopulla?
- Miten toimitaan silloin, kun jokin este estää tapaamisen (sairaus, ystävän syntymäpäivät tms.)?
- Sopimuksen voimassaoloaika.
- Tapaamiset lomien aikana, jouluna, merkkipäivinä ja juhlapyhinä (kesäloma, koulujen lomat).

Tarkan sopimuksen hyöty on erityisesti siinä, että sitä voidaan noudattaa silloinkin, kun puheyhteys on jostain syystä katkennut. Sitä ei kuitenkaan tarvitse noudattaa kirjaimellisesti silloin, kun tarvitaan joustoa ja kun se on kaikkien tai ainakin lapsen edun mukaista. Sopimuksesta poikkeaminen vaatii kuitenkin yhteisymmärrystä.

Lasta koskevien asioiden riitauttaminen johtaa yleensä lapsen edun tutkimiseen kunnan sosiaalitoimessa. Tapaamisia koskevat riidat ovat sosiaalitoimiston ja perheneuvolatyön arkipäivää. Nyrkkisääntönä on kuitenkin aina pyrkiä sovitteluratkaisuun uuvuttavan oikeuskäsittelyn sijasta.

MITÄ TARKOITTAA PERHEASIAIN SOVITTELU?

Perheasiain sovittelu on avioliittolaissa säädetty perheenjäsenten välisten ristiriitojen ja ongelmien selvittely- ja ratkaisumenettely. Avioliittolain pyrkimys on, että puolisoiden väliset ristiriidat avioliitossa sekä avioliiton purkautuessa voitaisiin ratkaista oikeudenkäynnin ulkopuolella sovittelemalla. Se onnistuu parhaiten puolisoiden välisin neuvotteluin ja sopimuksin. Perheasiain sovittelu koskee niin yhteiselämän kestäessä ilmaantuvia kuin myös avioerotilanteessa selvitettäviä ristiriitoja.

Olisi hyvä, että eron uhatessa ja harkinta-ajan aikana puolisot käyttäisivät perheasiain sovittelua. Tärkeää tämä on erityisesti siinä tapauksessa, jos heillä on alaikäisiä lapsia. Sovitteluun voivat osallistua kaikki perheenjäsenet, ja sitä voivat pyytää myös lapset missä tahansa elämänsä vaiheessa. Tavoitteena perheasiain sovittelussa on löytää tasapuolinen, kaikkien perheenjäsenten hyväksymä ratkaisu tilanteeseen. Erityisenä tavoitteena on turvata lapsen asema ja edut. Erotilanteessa perheasiain sovittelijat auttavat sopimaan lasten huollosta ja tapaamisoikeudesta.

Perheasiain sovittelu on vapaaehtoista, luottamuksellista ja maksutonta. Luottamuksellisuus perheasiain sovittelussa tarkoittaa sitä, ettei sovittelija saa ilmaista sivullisille eikä muille viranomaisille sitä, mitä hän sovittelussa on saanut tietoonsa. Perheasioiden sovittelija ei saa ilmaista sovittelussa saamiaan tietoja tuomioistuimellekaan, jos sovittelijaa haluttaisiin kuulla todistajana oikeudenkäynnissä.

Sovittelun järjestämisestä huolehtivat kunnan sosiaaliviranomaiset. Lisäksi sovittelupalveluita voivat antaa sovittelun antamiseen nimetyt yhteisöt ja henkilöt. Lisätietoja perheasiain sovittelusta saa oman kunnan sosiaalitoimistosta.

Perheasiain sovittelu on määritelty melko selkeästi, mutta se näyttää kuitenkin olevan toimintamuotona tuntematon. Eronneet tai eroa suunnittelevat ihmiset eivät ole usein edes kuulleet sovittelusta, ja joskus heidän käsityksensä sovittelusta on hyvin hämärä ja virheellinen.

> Tarvitsemme nyt sovittelua, koska vaimo on uhannut erota minusta. Haluan sovitella asiaa, jotta meidän ei tarvitse erota.
>
> *Mies soittaessaan ajanvarausta perheneuvolaan*

Sovittelun tavoitteena on vähentää avioerotilanteeseen liittyviä oikeudenkäyntejä, jotka heikentävät usein entisestään puolisoiden yhteistyötä. Asioiden riitauttaminen johtaa siihen, että toinen kokee hävinneensä ja toinen voittaneensa. Voi myös käydä niin, että oikeuden päätös ei tyydytä kumpaakaan.

Ulkopuolisen, puolueettoman työntekijän kanssa haettu sovitteluratkaisu pyrkii vanhempien yhteistyön mahdollistamiseen jatkossa. Sovittelun tavoite on hyvin kannatettava, ja onnistuessaan sovittelu tuo mukanaan paljon myönteisiä mahdollisuuksia. Sovittelua käytetään kuitenkin yllättävän harvoin, eivätkä kunnat tiedota siitä aktiivisesti eroaville.

Perheasiain sovittelu on uskottu kunnassa yleensä sosiaali- ja terveystoimen viranhaltijoille. Sovittelijoiksi on nimetty tietyt henkilöt, tai sovittelijoina voivat toimia organisaation, kuten perheneuvolan, kaikki työntekijät. Lisäksi sovittelua voivat tehdä esimerkiksi kirkon työntekijät, jotka on nimetty sovittelijoiksi. Sovittelu on lakisääteistä toimintaa, eli sitä tulee olla tarjolla kaikissa Suomen kunnissa. Näin ei näytä kuitenkaan käytännössä aina olevan.

Sovittelukäytännön kehittäminen on jäänyt retuperälle, koska kukaan ei näytä ottaneen siitä vastuuta. 1990-luvun alun lamavuodet sattuivat uuden avioliittolain alkuvuosiin, eikä niukentuneiden sosiaalitoimen resurssien puitteissa enää pystytty kehittämään perheasiain sovittelua, kuten ei monia muitakaan työmuotoja. Nyt olisi korkea aika ottaa sovittelu käyttöön entistä määrätietoisemmin. Avioerokäytäntöjemme ja -kulttuurimme tulisi kehittyä lapsimyönteisempään suuntaan. Perheasiain sovittelu edustaa ajattelua, jossa lapsen etu asetetaan päällimmäiseksi silloin, kun perhe hajoaa.

Isto ja Marjo erosivat noin puoli vuotta sitten ja saivat sovittua lasten asumisen ja tapaamisen puoleksi vuodeksi. Iston mukaan puoli vuotta on mennyt melko mukavasti, ellei oteta lukuun Marjon jatkuvaa puuttumista hänen ja lasten elämään. Marjo ei luota Istoon ja käy vakoilemassa, kun Isto on heidän kahden poikansa kanssa viikonlopun vietossa. Kerran Marjo tuli yllättäen kesämökille tarkistamaan, muistaako Isto pukea pojille pelastusliivit, kun lähtee soutelemaan näiden kanssa. Marjo on myös puhunut Istosta pahaa päiväkodin työntekijöille, jotka näyttävät ottaneen Iston tarkkailuunsa.

Isto on hermostunut entisen vaimonsa käyttäytymisestä ja suunnitellut huolto- ja tapaamisasioiden viemistä oikeuden käsittelyyn. Hän kuuli kuitenkin perheasiain sovittelusta ja sai Marjonkin suostumaan siihen oman paikkakunnan perheneuvolassa. Nyt näyttää siltä, että asiaa ei tarvitsekaan käsitellä oikeudessa, sillä sovittelijoiden avulla yhteisymmärrys on parantunut suuresti. Isto ja Marjo laativat juuri uutta tapaamissopimusta, joka olisi lapsille parempi ja toisi Istollekin tapaamisrauhan.

LAPSEN ELATUS ERON JÄLKEEN

> Näyttää siltä, että menee kamat jakoon. Onko kellään esimerkkejä siitä, että paljonko 2100 e/kk tuloista joutuu maksamaan elatusmaksuja, kun on kaksi lasta. En kysele siksi, etten haluaisi elättää lapsiani, vaan siksi, että voisin laskeskella, voinko asua jatkossa nykyisessä kodissamme. Lapsilla on siellä omat huoneet ja kavereita naapurissa.
>
> *Mies nettipalstalla*

> Ex-mieheni sanoi, että hän ei enää osallistu mihinkään lasten kuluihin kuukausittaisen elatusmaksun lisäksi. Hän sanoi vielä, että

> vie asian oikeuteen, mikäli en suostu hänen ehdottamaansa maksuun. En halua jatkaa riitaa, joten suostun. Ehkä lapsilla on isä eron jälkeenkin, jos en ala riidellä oikeudessa.
>
> *Kaisa*

Eron jälkeen molemmat vanhemmat ovat edelleen vastuussa lapsensa elatuksesta. Lapselle tulee taata elatuksen kautta turvalliset olosuhteet kasvuun ja kehitykseen. Lapsen elintason ei toivota oleellisesti laskevan erossa. Käytännössä useimpien ihmisten elintaso laskee eron jälkeen muun muassa asumiskulujen kasvaessa, mikä saattaa välillisesti vaikuttaa esimerkiksi lapsen harrastustoimintaan.

Elatusmaksussa otetaan huomioon lapsen kulutus ja molempien vanhempien tulot ja menot. Tavoitteena on löytää sellainen elatusmaksu, joka on ilo maksaa ja ilo saada ja joka ottaa huomioon lapsen tarpeet. Vanhemmat voivat päättää elatusmaksun keskenään ja sopia siitä kirjallisesti. Elatusmaksun voi laskea käyttäen apuna oikeusministeriön ohjeistusta, jonka pohjana ovat lapsen aiheuttamat kustannukset. Ne vaihtelevat lapsen iän mukaan, ja tällä hetkellä ne ovat

- lapsen ollessa 0–6-vuotias 250 euroa kuukaudessa
- lapsen ollessa 7–12-vuotias 290 euroa kuukaudessa
- lapsen ollessa 13–17-vuotias 390 euroa kuukaudessa.

Lapsen aiheuttamat kustannukset jaetaan vanhempien kesken, ja samalla huomioidaan myös yhteiskunnan antama tuki, kuten lapsilisät. Kunnan sosiaalitoimiston lastenvalvoja antaa neuvoja elatusmaksun määrittämiseksi, ja tarvittaessa tässäkin asiassa voi kääntyä lakimiehen puoleen. Elatusmaksu tulee vahvistaa sosiaalitoimistossa tai oikeudessa. On tärkeää, että elatusmaksu maksetaan kuukausittain ajallaan eli etukäteen. Lapsi saa elatustuen aina siihen saakka, kun hän täyttää 18 vuotta. Senkin jälkeen hän voi tosin saada koulutustukea esimerkiksi lukion suorittamista varten.

Joskus vanhemmat sopivat elatusmaksun osana kokonaisratkaisua, jossa tärkeänä osana on omaisuuden jako. Elatusmaksu voi siten olla alhaisempi, jos toinen vanhemmista luopuu osasta omaisuuttaan. Vuoroasumisessa oikeudenmukainen elatusmaksu on alhaisempi kuin siinä tapauksessa, että lapset käyvät toisen vanhempansa luona vain silloin tällöin.

Luku 13

Milloin tarvitaan apua?

> Lapseni (9 v) ei halua mennä tapaamaan isäänsä. Hän itkeskelee aina ennen lähtöä ja pyytää saada jäädä kotiin. En ole suostunut hänen pyyntöönsä, vaikka sydämeni vuotaa verta. Mitä minun pitäisi tehdä?
>
> *Jaana*

AVUN HAKEMINEN ON VIISAUTTA

Ongelmat kuuluvat elämään. Kukaan ei selviä kaikista ongelmistaan yksin, vaan ihminen tarvitsee toisia ihmisiä. Aiemmin sukulaisverkostot ja naapurit sekä ystävät osallistuivat enemmän toistensa elämään ja tukea haettiin tarvittaessa niiltä, joilla oli elämänkokemusta. Tänä päivänä ihmissuhdeverkostomme ovat kaventuneet emmekä välttämättä saa niistä apua. Apua on kuitenkin saatavilla. Jokaisessa kunnassa on esimerkiksi lakisääteistä perheneuvontaa, joka on tarkoitettu erityisesti lapsiperheiden tueksi. Aiemmin tuota toimintaa kutsuttiin kasvatusneuvolatoiminnaksi.

Panostamalla lapsiin yhteiskuntamme haluaa antaa heille mahdollisimman hyvän aikuisuuden. Vastuu lapsista on kuitenkin erityisesti heidän omilla vanhemmillaan. Vanhemmat voivat tehdä yhteistyötä kasvatuksessa heidän lastensa kanssa toimivien työntekijöiden, kuten opettajien ja päivähoitohenkilöstön kanssa. Eron jälkeen lapsilla on edelleen kaksi vanhempaa, joiden odotetaan tekevän yhteistyötä keskenään lasta koskevissa asioissa. Se ei kuitenkaan yleensä tarkoita päivittäistä kasvatusta vaan pikemminkin suuria linjoja ja erityisiä ongelmatilanteita.

Eron jälkeen vanhempien tulisi auttaa lapsensa eron yli tukemalla tämän erokriisiä, mikä on usein helpommin sanottu kuin tehty. Vanhempien oma erokriisi vaatii myös työstämistä ja paljon energiaa, ja sen vuoksi on usein viisasta tarjota lapsille muutakin aikuista tukea. Sukulaiset ja ystävät eivät yleensä koe olevansa kovin päteviä auttamaan lapsia erossa, ja siksi apua kannattaa hakea ammattilaisilta.

Lasten eroryhmät ovat lisääntymässä ympäri Suomea, ja niitä järjestävät kunnat, seurakunnat ja järjestöt. Apua voidaan hakea myös perheneuvolasta ja koulukuraattorilta tai -psykologilta. Yhteishuoltajuudessa molempien vanhempien tulee olla samaa mieltä avun hakemisesta. On kuitenkin melko kummallista, jos isä tai äiti haluaa estää avun lapseltaan. Joskus toinen huoltaja on kuitenkin estänyt lapsensa osallistumisen eroryhmään. Silloin kyseessä saattaa olla väärinkäsitys toiminnan luonteesta ja tavoitteista. Kyse voi myös olla siitä, että aikuinen ei ole osannut hakea tukea itselleen päästäkseen erokriisistä voittajana eteenpäin.

ONGELMIA KOULUSSA

Ero vaikuttaa lapsiin voimakkaasti. On luonnollista, että se vaikuttaa siten myös opiskeluun ja ihmissuhteisiin. Pahimmillaan erokriisi vie huomattavan osan lapsen voimavaroista ja heikentää siten opiskelutuloksia oleellisesti. Vanhempien ero onkin nykyään yksi yleisimmistä alisuoriutumisen aiheuttajista peruskoulussa. Alisuoriutuva lapsi ei pysty opiskelemaan omalla tasollaan, ja hänen kykynsä jäävät käyttämättä.

Eron kohdatessa kodin ja koulun yhteistyö on tavallistakin tärkeämpää. Opettajan on hyvä tietää lapsen tilanne, jotta hän voi tukea tätä koulussa. Saattaa olla, että lapsi tarvitsee enemmän apua opiskelussaan kuin normaalisti. Lapsella voi myös olla erosta johtuvia tunne-elämän ongelmia, jotka vaikuttavat hänen sosiaaliseen elämäänsä koulussa. Lapsi voi esimerkiksi vetäytyä omiin oloihinsa, koska kokee olevansa ”viallinen”. Eroon reagoiminen on kuitenkin luonnollinen ja terve asia. Lapset joutuvat käymään läpi oman erokriisinsä ja tarvitsevat siihen tukea.

HUOLESTUTTAVA KÄYTTÄYTYMINEN

Lapsen tai nuoren käyttäytyminen saattaa joskus saada huolestuttavia muotoja. Ne saattavat ilmetä joko eron yhteydessä tai vasta vuosien kuluttua. Tyypillisiä huolestuttavia asioita ovat seuraavat:

- Lapsi voi itkeskellä usein.
- Lapsi voi saada raivokohtauksia tai kiusata muita.
- Lapsi on toivoton, vetäytyvä tai itsetuhoinen.
- Lasta eivät kiinnosta edes aiemmin mieluisat asiat.

- Ruoka ei maistu, tai lapsella on muita syömishäiriöitä.
- Lapsi ei saa unta tai heräilee usein.
- Lapsi näpistelee tai karkailee.
- Lapsi valittaa fyysisiä vaivoja.

Kyse voi olla siitä, että menetysten työstäminen ei ole täysin onnistunut ja lapsi on alkanut masentua. Lapsen käyttäytyminen on myös yhteydessä elämäntilanteeseen, ja tärkeää onkin tarkastella lapsen elämää kokonaisuutena.

Niinan, 12 v, ja Mikon, 10 v, vanhemmat erosivat kolme vuotta sitten, koska suhde oli väkivaltainen. Heidän äitinsä halusi päättää suhteen päästäkseen eroon miehensä henkisestä väkivallasta. Eron jälkeen lapset kävivät säännöllisesti tapaamassa isäänsä, mutta kieltäytyivät lopulta lähtemästä hänen luokseen. Syynä oli isän ailahteleva käyttäytyminen. Hän saattoi ajaa lapset pois kodistaan kesken viikonlopun suututtuaan heille jostain. Molemmat lapset ovat muuttuneet aggressiivisiksi koulutovereitaan kohtaan ja saattavat puhua myös opettajille rumasti. Tällä hetkellä molemmat käyvät yksilöterapiassa, mikä onkin äidin mukaan ollut hyödyllistä.

Erkin, 11 v, vanhemmat erosivat hyvin riitaisesti. Avioero-oikeudenkäynnissä Erkki määrättiin asumaan isänsä luokse. Äiti ei tätä hyväksynyt ja aloitti oikeustaistelun, joka on nyt kestänyt neljä vuotta. Erkki asuu edelleen isän luona, mutta tapaa äitiä entistä useammin. Jatkuva riita on ollut Erkille kovaa aikaa. Hän ei jaksa opiskella koulussa, ja opettaja on hänestä hyvin huolissaan. Eräs naapuri teki Erkistä lastensuojeluilmoituksen, koska Erkki makasi maantiellä ja sanoi haluavansa kuolla.

Vastaus huolestuttaviin tunne-elämän ongelmiin on psykoterapia. Psykoterapiaa tarvitsevien tai siitä hyötyvien lasten lukumäärä on kuitenkin niin suuri, että kaikkien ei ole mahdollista päästä terapiaan. Psykoterapeutteja ei ole myöskään jokaisessa Suomen kolkassa. Aluksi vanhempien tulisi kääntyä oman kunnan perheneuvonnan puoleen. Varsinkin suurissa kaupungeissa on myös koulutettuja lapsipsykoterapeutteja, jotka toimivat yksityisesti.

ET PÄRJÄÄ ENÄÄ LAPSESI KANSSA

Lapsesi käyttäytyminen voi muuttua rajoja rikkovaksi ja vaarantaa hänen turvallisen kehityksensä. Omien vanhempien auktoriteetti ei aina riitä saamaan tilannetta hallintaan. On erityisen tärkeää, että kasvatus olisi johdonmukaista ja vanhemmat voisivat puhaltaa yhteen hiilen. Eron jälkeen johdonmukaisuus voi kärsiä tavallista helpommin vanhempien ristiriitojen vuoksi.

Minna alkoi murrosiässä käyttäytyä hyvin kapinoivasti. Hänen koulumenestyksensä romahti, koska hän ei enää opiskellut kunnolla. Hän pukeutui mustiin ja meikkasi kasvonsa mustanpuhuviksi. Äidin mielestä häntä oli vaikea tunnistaa samaksi tytöksi kuin ennen. Eron jälkeen Minna ei ollut tavannut isää, koska tämä ei pitänyt mitään yhteyttä tyttäreensä.

Minna alkoi liikkua uusien ystävien kanssa. Äidin mielestä nämä eivät näyttäneet hyviltä ystäviltä. Minna alkoi myös kapinoida kotiintuloaikoja vastaan, ja hän alkoi olla jopa öitä poissa kotoa. Äiti kääntyi perheneuvolan puoleen. Siellä ymmärrettiin tilanteen vakavuus, ja Minnalle suositeltiin väliaikaista sijoitusta nuorisokotiin. Hän menikin sinne noin puoleksi vuodeksi. Nuorisodissa noudatettiin tiukkaa kasvatuslinjaa ja Minna joutui sopeutumaan asetettuihin rajoihin ja sääntöihin. Hän kävi samalla psykoterapiassa nuorisopsykiatrian poliklinikalla.

Tällä hetkellä Minna on jo aikuinen ja opiskelee ammattikorkeakoulussa. Hän on kiittänyt äitiään monesti siitä, että tämä haki apua ajoissa.

UUSPERHEEN HAASTEITA

Moni eronnut aloittaa ennen pitkää uuden suhteen, joka johtaa uuden perheen muodostumiseen. Uusperhe on iso haaste sekä lapsille että aikuisille. Lapsen ikä vaikuttaa hänen sopeutumiseensa uudenlaisen perhesysteemiin. Uusperhe poikkeaa oleellisesti ydinperheestä, jossa vanhemmat elävät yhdessä biologisten jälkeläistensä kanssa. Uusi perhe selviytyy parhaiten, jos se tunnustaa perhe-elämän realiteetit. Tilastojen mukaan ero uhkaa näitä perheitä entistä useammin, ja sen vuoksi apua kannattaa hakea ajoissa, jotta perhe pääsee kehittymään ja kiinteytymään toimivaksi kokonaisuudeksi. Uusperhe voi saada myös vertaistukea esimerkiksi Suomen uusperheellisten liitosta.

Antti ja Elina ovat 13-vuotiaat kaksoset. He ovat asuneet yksin äitinsä kanssa jo viisi vuotta. Nyt äiti on tavannut miehen, jonka kanssa hän haluaa perustaa perheen. Hän on seurustellut miehen kanssa jo lähes kaksi vuotta. Ongelmana on, että lapset eivät halua uutta ihmistä kotiinsa. He valittavat äidille, että elämä menee ihan pilalle, jos Risto tulee heille asumaan. He ovat ehdotelleet Ristolle, että tämä jättäisi heidät ja äidin rauhaan. Äiti kokee olevansa puun ja kuoren välissä. Hän rakastaa Ristoa ja haluaa elää omaa elämäänsä. Hän haluaa myös olla hyvä äiti ja ottaa lasten näkemykset huomioon. Hän ehdottaa Ristolle ja lapsille käyntiä perheneuvolassa. Risto suostuukin, mutta lapset eivät. Riston päättäväisyyden ansioista he pääsevät kuitenkin yhdessä psykologin luokse.

Uusperhe on teemana tämän kirjan luvussa 16. Käsittelen asiaa silloin laajemmin.

Luku 14

Lapset, seurustelu ja uudet suhteet eron jälkeen

MITÄ SEURUSTELUSUHTEISTA PITÄISI AJATELLA? Parisuhteen päättymiseen ja eroon liittyy yleisiä harhakäsityksiä, jotka putkahtavat esiin useimpien eroissa. Tyypillinen ja pulmallinen käsitys on, että ihminen kuvittelee eron toisesta ihmisestä johtavan automaattisesti parempaan elämään. Todellisuudessa vasta oma henkilökohtainen kasvu ja itsetuntemuksen lisääntyminen tuovat mahdollisuuden parempaan elämään, eikä uusi suhde tuo ratkaisua onnellisuuteen. Toinen ihminen ei voi olla vastuussa onnestasi.

Eron jälkeen tai jopa ennen eroa voit kuitenkin ihastua tapaamaasi ihmiseen ja haluta rakentaa elämääsi hänen kanssaan. Vanha ja usein toistettu neuvo on, että älä siirry suoraan suhteesta toiseen. Rakastuneen tai ihastuneen ihmisen mielestä moiset neuvot eivät tunnu lainkaan sopivilta. Hyvien neuvojen noudattaminen on kuitenkin jokaisen omassa harkinnassa. Elämässä on joskus otettava myös riskejä.

Eron jälkeen toiset ovat haavoittuneita eivätkä halua tavata toista sukupuolta. Läheiseen suhteeseen ryhtyminen on silloin pelottavaa, koska siinä piilee pettymisen vaara. Hylätyksi tullut ihminen tulee varovaiseksi, koska ei luota suhteen kestävyyteen. Erokriisin edettyä suotuisasti luottamus rakkaussuhteeseen alkaa kuitenkin palautua. Epäluottamuksen jatkuessa vuosikausia on usein kyse siitä, että ihminen ei ole saanut erokriisiään työstettyä.

Toiset eronneet tapailevat vastakkaista sukupuolta, mutta eivät lähde kuin pinnallisiin suhteisiin. He saattavat perustella käyttäytymistään sinkkuelämän hyvillä puolilla, mutta todellisuudessa he välttelevät syvällisiä suhteita hylätyksi tulemisen pelossa. Toisaalta on niinkin, että sinulla ei ole kiire solmia uutta liittoa eron jälkeen. Anna itsellesi aikaa kasva ja kehittyä. Tapaa ihmisiä ja solmi suhteita, mutta älä sitoudu suhteeseen suin päin.

Ihastuneen ja rakastuneen ihmisen on vaikea tehdä tarpeeksi harkittuja päätöksiä. Rakastunut on sitä mieltä, että hän on tavannut elämänsä suuren rakkauden ja haluaa elää tämän kanssa elämänsä loppuun saakka. Mikäli eronnut ei ole ehtinyt lisätä itsetuntemustaan eron jälkeen, hän solmii uuden suhteen entiselle perustukselle ja joutuu siksi usein pettymään. Ihmisen halu tulla rakastetuksi lapsuudessa opittujen sopeutumiskeinojen avulla on edelleen olemassa. Sen vuoksi kumppanin valinta tapahtuu entisin perustein.

Rakastuminen ei ole paha asia. Se osoittaa, että ihminen on elossa ja luottaa tulevaisuuteensa. Kesken erokriisiään rakastunut voi kuitenkin pettyä siihen, että rakastumisen kohde ei olekaan lopulta se ihminen, joksi hän tätä kuvitteli. Anna siis itsellesi aikaa! Saat rakastua, mutta älä tee suuria päätöksiä ollessasi pilvilinnoissa.

Tiina kävi Fisherin eroseminaaria vaikean eronsa jälkeen. Hän koki ryhmän keskustelut hyvin antoisiksi. Hän kaipasi kuitenkin uutta kumppania ja läheistä suhdetta miehen kanssa. Hän tutustuikin Kariin, joka oli myös eronnut äskettäin. Tuulasta Kari oli aivan erilainen kuin hänen ex-miehensä. Tuula ihastui ja alkoi rakentaa parisuhdetta Karin kanssa ja haaveilla yhteisestä perheestä jo muutaman viikon kuluttua tapaamisesta. Hän alkoi suhtautua eroseminaariin kriittisesti ja epäili, että se ei häntä auta. Niinpä hän heittäytyi täysillä uuteen suhteeseen.

Nyt suhde Kariin on jo päättynyt, ja Tiina on hyvin pettynyt miehiin. Moni asia Karin ja hänen suhteessa alkoi muistuttaa aiempaa avioliittoa. Tiinan mielestä Karikin osoittautui itsekkääksi paskiaiseksi.

Eron jälkeen moni ihmissuhde on päättynyt. Eronneet menettävät ystäviä ja joutuvat korvaamaan menetyksen uusilla ystävillä. Uusien ystävien löytäminen on tärkeää, koska ystävät muodostavat tärkeän tukiverkoston eron jälkeisessä elämässä. Eronneen on suunnattava katseensa ulospäin ja oltava aktiivinen tutustuessaan toisiin ihmisiin.

MITEN SEURUSTELU VAIKUTTAA LAPSIIN?

Lapsille ero merkitsee epävakaata vaihetta heidän elämässään. Toinen vanhemmista on muuttanut pois, tai koko perhe on joutunut hakeutumaan uusiin asuntoihin ja ympäristöihin. Luopuminen ja sureminen vievät aikaa, eikä uusien aikuisten ilmestymistä pidetä tervetulleena. Monesti äidin tai isän seurustelu on myös kolaus lapsen toiveille perheen uudelleen yhdistymisestä. Hän pelkää myös oman asemansa heikkenevän, kun uusi ihminen vie tilaa isältä tai äidiltä.

Satunnaisia seurustelukumppaneita ei tule esitellä lapsille. On hyvä, jos lapsi ei joudu tutustumaan yhä uusiin seurustelukumppaneihin. Jatkuvat muutokset tekevät lapsen elämästä epävarmaa ja lisäävät hänen pelkojaan. Vakavan ja sitoutumiseen tähtäävän seurustelun salaaminen lapsilta on kuitenkin turhaa. Uusperheen mahdollisuudet onnistua riippuvat suuresti siitä, millaisen tilan ja aseman uusi ihminen saa perheen elämässä. Lapsille ja koko perheelle on eduksi, jos uusperheestä muodostuu luja kahden tasavertaisen aikuisen suhteeseen nojaava kokonaisuus.

Joskus entinen kumppani reagoi hyvin negatiivisesti uusien seurustelukumppaneiden ilmestymiseen. Hän saattaa jopa estää tai yrittää estää lasten ja toisen vanhemman tapaamisen, mikäli uusi seurustelukumppani on paikalla. Tämä saattaa tapahtua vielä vuosienkin jälkeen erilleen muuttamisesta. Entisellä kumppanilla ei kuitenkaan ole juridista oikeutta puuttua lasten oikeuteen tavata vanhempaansa. On toki ymmärrettävää, että uuden rakkaussuhteen ilmestyminen herättää kipeitä tuntoja ja aktivoi taas kerran erokokemuksia. Uuden kumppanin hyväksyminen on erityisen hankalaa silloin, kun suhde on alkanut jo avioliiton aikana rinnakkaissuhteena.

Uuden aikuisen on tutustuttava lapsiin rauhassa. Lapsen ikä, sukupuoli ja persoonallisuus vaikuttavat paljon siihen, miten suhde uuteen aikuiseen kehittyy. Uuden aikuisen ei tulisi tunkeutua väkisin lapsen alueelle, vaan on edettävä lapsen ehdoilla. Lapsi ei välttämättä ota äidin tai isän uutta kumppania vastaan varauksettoman myönteisesti. Lapsi ei tarvitse lahjoja ja teennäisen ystävällistä kohtelua, vaan vakaata aikuista, johon hän voi luottaa. Uuden aikuisen ei pidä olla liian passiivinen suhteessa lapsiin, koska siten hän jää helposti liian etäiseksi ja pilaa mahdollisuutensa kiinnittyä perheeseen.

Taina muutti kolmen tyttärensä kanssa uuden miesystävänsä Paavon kotiin kahden vuoden melko tiiviin seurustelun jälkeen. Paavolla oli ennestään yksi poika, joten hänen perheensä kasvoi huomattavasti. Taina toivoi Paavon osallistuvan myös hänen tyttäriensä kasvatukseen, vaikka nämä tapasivat isäänsä melko usein. Paavo koki olevansa perheen pää, koska hän uskalsi ottaa kantaa kaikkiin kodin asioihin. Hän oli myös tottunut huolehtimaan kaikista kotitöistä eikä jäänyt niissä Tainan varjoon. Tyttöjen kanssa tuli aluksi kasvatuspulmia, mutta perhe selvisi eteenpäin elämässään. Seurustelusta kasvoi uusi avioliitto. Nyt Taina ja Paavo ovat olleet naimisissa kahdeksan vuotta.

Ritva ja Jukka ovat työssään hyvin menestyneitä it-alan huippuosaajia. Kummallakin on ennestään yksi lapsi. Ritvan poika asuu vuoroviikoin isän ja äidin luona. Jukan poika taas tapaa isäänsä joka toinen viikonloppu. Kumpikin on seurusteluun melko tyytyväinen, mutta Jukkaa harmittaa Ritvan ja tämän entisen miehen hyvin tiivis yhteydenpito. He soittavat toisilleen joka päivä. Jukka ihmettelee, miksi he ovat niin paljon tekemisissä keskenään. Hän ei pidä juuri mitään yhteyttä entiseen vaimoonsa. Jukkaa harmittaa myös Ritvan lepsu kasvatusote, koska tämä ei osaa rajoittaa pientä poikaansa. Ollessaan Jukan luona poika koskee luvatta Jukan kotiteatterilaitteisiin, mistä seuraa helposti riitaa aikuisten kesken. Ritvaa on alkanut harmittaa Jukan ”nipotus”. Hän onkin alkanut katsella uutta seuraa panemalla ilmoituksen nettiin tutustumispalstalle.

ÄLÄ ANNA PIENTEN TAI SUURTEN LASTEN PILATA SUHTEITASI

Lapset voivat vastustaa vanhempiensa uusia parisuhteita. Se on tyypillistä silloin, kun lapset ovat pieniä, mutta yllättävän tavallista myös silloin, kun lapsetkin ovat jo aikuisia. Sinulla on oma elämäsi elettävänä. Et ole vastuussa lapsille siitä. Hankkiessasi lapsen tai lapsia olet samalla sitoutunut hoitamaan ja kasvattamaan heidät aikuiseksi. Et kuitenkaan elä vain heille vaan myös itsellesi.

Varsinkin moni äiti kieltää osan aikuisesta elämästä itseltään keskittymällä lapsiin ja painamalla omat tarpeensa taka-alalle. Pienten lasten äidillä ei ole kovin paljon aikaa itselleen tai seurusteluun, mutta aikaa on mahdollisuus järjestää, jos sitä arvostaa. Olen tavannut työssäni naisia, jotka ovat keskittyneet noin kymmenen vuoden ajan ainoastaan lapsiin. Lasten kasvettua lähes täysi-ikäisiksi he antavat luvan itselleen myös omaan elämään, mutta katuvat usein liiallista epäitsekkyyttään. Lasten lähteminen kotoa aiheuttaa hyvin suurta luopumisen tuskaa, kun vierellä ei ole kumppania jakamassa tunteita.

Lasten on helpompi itsenäistyä ja elää omaa elämäänsä, jos vanhemmilla on elämässään muitakin tärkeitä ihmissuhteita kuin lapset. Huoli vanhenevasta isästä tai äidistä on suurempi, jos hänellä ei ole ketään jakamassa arkipäivää. Voit siis halutessasi solmia ystävyys- ja rakkaussuhteita ajatellen omaa hyvinvointiasi. Se ei ole pois lapsilta.

Muutama neuvo seurusteluun eron jälkeen:

- Pääasia ei ole uuden rakkaussuhteen aloittaminen vaan oma kasvu tukea antavien ihmisten avulla.

- Päätä itse suhteistasi. Olet aikuinen ihminen, jolla on omat henkilökohtaiset tarpeet.
- Ihastu ja rakastu, jos sinusta siltä tuntuu. Älä kuitenkaan kiirehdi sitoutumaan.
- Solmi uusi parisuhde vahvemmalle perustalle kuin päättynyt suhde. Se onnistuu, jos lisäät itsetuntemustasi erokriisin kautta.
- Älä esittele lapsille kaikkia seurustelusuhteitasi vaan vain sitoutumiseen tähtäävät suhteet.
- Älä pyydä lupaa tai neuvoja seurusteluun lapsiltasi.
- Elämässä joutuu ottamaan riskejäkin, jos aikoo saada paljon. Älä pelkää elämistä!
- Solmiessasi suhteen uuteen aikuisen, jolla on lapsia, joudut samalla solmimaan suhteen lapsiinkin.

Luku 15

Voiko erosta seurata lapsille mitään hyvää?

EROLAPSEN TULEVAISUUS

Perheen hajoamisella on seurauksensa kaikkien siinä mukana olevien elämään. Ero aiheuttaa "rakkaushaavan" sekä aikuisille että lapsille. Aikuisten epäluottamus parisuhteeseen vaikuttaa monien elämässä vuosia, joskus koko loppuelämän ajan. Varsinkin työstämätön erokriisi jättää isot arvet ja saattaa tuoda mukanaan kroonisia ihmissuhdevaikeuksia ja jopa sairauksia. Lapset kärsivät erosta, koska se aiheuttaa heille huolia ja kärsimystä. Pahimmillaan se vie myös luottamuksen parisuhteeseen ja vaikuttaa siten dramaattisesti myös aikuiselämässä.

Eron kielteisiä seuraamuksia on esitelty hyvin monissa tieteellisissä tutkimuksissa, mikä kertoo siitä, että yhteiskunnassamme ero on ollut hyvin pitkään moraalisesti arveluttava tapahtuma eikä sen myönteisiä seurauksia ole haluttu esitellä tai edes tutkia. Ihmisille on saattanut jäädä sellainen kuva, että ero on lapsille pelkästään haitallinen tai tuhoisa asia. Eroon liittyvä syyllisyys on tehnyt siitä vaikeasti käsiteltävän asian erityisesti lasten kannalta. Se on voinut johtaa myös ylireagointiin, lasten kärsimysten liioitteluun ja vaikenemiseen. Iltapäivälehdet, jotka otsikoivat julkkisten eroja lööpeissään viikoittain, eivät ole juuri käsitelleet eroja lasten näkökulmasta.

Ero ei kuitenkaan ole mustavalkoinen asia, vaan sitä tulisi käsitellä monipuolisesti eri näkökulmista, koska se auttaa selviytymään erosta eteenpäin. Vain avoin puhuminen eron menetyksistä auttaa selviytymään. Häpeilevä vaikeneminen on asian lakaisemista maton alle, jossa se kuitenkin muhii vuosikymmeniä.

Lasten tulevaisuudelle ja heidän aikuisuudelleen on ratkaisevaa, miten ero on perheessä käsitelty, ei se, onko erottu vai ei. Kenenkään perhe-elämä ei ole täydellistä ja ihanteiden mukaista. Jokainen perhe kohtaa tiellään ongelmia, jotka joko ratkaistaan tai joista vaietaan. Erokulttuurimme on onneksi kehittynyt avoimeen suuntaan, eikä avioero ole enää vain perheen sisäinen asia. Yhä useammin vanhemmat pitävät mielessään lasten selviytymisen ja hakevat tukea heillekin.

Voidaan perustellusti sanoa, että lapset voivat toipua erosta ja myös oppia siitä elämän kannalta tärkeitä asioita. Tutkimuksissa on aiemmin nähty eron hyvänä puolena se, että lapset oppivat realistisemman suhtautumisen parisuhteeseen ja ovat suhdetta solmiessaan tavallista harkitsevampia. Eroperheiden lapset ovatkin harvoin yliromanttisia. He tajuavat, että parisuhteeseen tulee myös ongelmia. Tämä keskimääräinen tulos näyttäytyy kuitenkin eri tavoin riippuen eron työstämisestä. Lasten kannalta on siis erityisen tärkeää, että huomio kiinnitetään heidän tukemiseensa. Silloin aikuistuneiden lasten harkitsevuus kertoo aidosti kehittyneestä otteesta parisuhteeseen eikä arkuudesta kokea läheisyyttä toisen kanssa.

TUSKAN LAHJOJA

Ihmisen elämä sisältää myötä- ja vastoinkäymisiä, iloa ja tuskaa. Perheen hajoaminen ja parisuhteen päättyminen ovat hyvin tuskallisia kokemuksia. Ero on useimmille niin kova kokemus, että siitä ei selviä yksin. Sen vuoksi eronnut joutuu turvautumaan muihin ihmisiin päästäkseen eronsa yli. Se merkitsee myös sitä, että kriisiin joutuneen ihmisen on suunnattava katseensa sisimpäänsä, omaan minäänsä ja elettyyn elämään. Päästäkseen eron tuskasta hänen on käsiteltävä kokemansa menetys ja luotava sen jälkeen itselleen uusi tulevaisuus.

Eron tuskat koettelevat erityisesti jätettyä osapuolta, koska hän ei voi itse säädellä tuskaa ja eroa kuten asiaa pitkään pohtinut jättäjä. Sen vuoksi jätetty on hyvin motivoitunut työstämään asioitaan. Mikäli hän saa itselleen tuen eroprosessin työstämiseen, voivat koetut kärsimykset jalostaa hänestä uuden ihmisen, jonka itsetunto ja itsetuntemus ovat kohonneet huomattavasti. Hän on silloin valmis ottamaan vastuun omasta onnellisuudestaan, ja pettymykset ovat lopulta muodostuneet tuskan lahjoiksi.

Niin käy monissa muissakin elämän kokemuksissa; pettymyksistä voi oppia ja kasvaa. Tämä koskee erityisesti lapsia. Lapsi on erossa aina jätetty osapuoli. Hän ei voi päättää vanhempiensa erosta ja joutuu sopeutumaan siihen, mitä hänelle annetaan. Ero voi kääntyä kuitenkin lapsen positiiviseksi kasvukokemukseksi, jos häntä tuetaan oikealla tavalla.

Jokainen isä ja äiti haluaa antaa lapselleen onnellisen lapsuuden. Avioero ei varmasti vastaa kuvaa onnellisesta lapsuudesta, mutta se ei kuitenkaan pilaa mahdollisuutta siihen. Onnellinen lapsuus on ennen kaikkea *mielikuva* omasta lapsuudesta. Mielikuva elää sen mukaan, miten tarkastelemme elämänkokemuksiamme. Moni aikuinen on kiitollinen vanhemmilleen kasvattavista elämänkokemuksistaan, olivatpa ne sitten tuskallisia tai iloisia. Lapsuus on opettanut heidät ottamaan vastaan elämän tarjoamat asiat, mikä on tehnyt heistä vahvempia ihmisiä ja parempia, toisia kuuntelevia lähimmäisiä.

MENETYSTEN LÄPIKÄYMINEN OPETTAA

Jokainen ihminen joutuu luopumaan elämässään sekä monista ihmissuhteista että muista itselleen tärkeistä asioista. Menetysten läpikäyminen tarkoittaa suremista, ja jokainen sureva tekee surutyötä. Suomalainen yhteiskunta ei ole menneinä vuosikymmeninä ymmärtänyt suremisen merkitystä elämän suurten menetysten yhteydessä. Sen vuoksi moni ihminen on saanut pysyviä kolhuja viime sotien aikaisissa raskaissa menetyksissä, ja niistä näyttävät maksavan vielä nykyisetkin sukupolvet. Menetysten työstämisessä on onneksi tapahtunut paljon myönteistä kehitystä, ja lastenkin suremista on alettu ymmärtää. Suru ei liity vain läheisen ihmisen kuolemaan vaan moniin muihinkin menetyksiin, joista monelle perheen hajoaminen on suurin.

Lapselle ero merkitsee surua, mutta samalla mahdollisuutta oppia käymään läpi menetyksiä ja selviytymään niistä. Hyvä ero antaa siten voimaa selvitä elämästä ikävien menetysten jälkeen. Hyvässä erossa sureminen johtaa luovuuden puhkeamiseen ja tulevaisuuden näkymien palaamiseen. Päinvastaisessa tilanteessahan näkymät kaventuvat, ja suru voi johtaa masentumiseen. Tällä hetkellä vasta pieni vähemmistö erolapsista saa riittävästi apua surutyöhönsä.

TUNTEIDEN ILMAISEMINEN ON LÄHEISYYTTÄ

Erossa moni joutuu voimakkaiden tunteiden valtaan, ja erityisesti viha ja pelot hallitsevat silloin elämää. Pelkoihin voi suhtautua joko pakenemalla tai katsomalla niitä suoraan silmiin. Luomalla turvallisuutta lapselle esimerkiksi auktoriteetillaan aikuiset auttavat lasta kohtaamaan turhatkin pelkonsa ja vapautumaan niistä. Erossa lapsi voi siten oppia sietämään pelkojaan ja kohtaamaan niitä realistisesti. Hän voi oppia, että avoimuus ja toisten ihmisten tuki ovat tärkeitä keinoja selviytyä elämän vastoinkäymisistä.

Suurin haaste erossa on monille vihan tunteiden käsittely. Viha voi olla aggressiivista ja tuhoisaa. Erossa riidat ja niihin liittyvä toisen sanallinen ja fyysinen pahoinpitelykin ovat melko tavallisia. Moni ihminen toistaa erossaan jo lapsena oppimaansa kaavaa vihan ilmaisemisesta tuhoisasti. Ei ole ihme, että vihasta puhutaan yleisesti negatiivisena tunteena. Kyse on kuitenkin vain sen ilmaisemisesta negatiivisella, tuhoisalla tavalla. Todellisuudessa viha on yksi luonnollinen tunne muiden joukossa.

On selvää, että lapsi tulee vihaiseksi vanhempien erotessa. Viha on jätetyn hallitseva tunne, eikä kyse ole mistään pienestä vihasta tai ärtymyksestä vaan ehkä koko elämän raivostuttavimmasta asiasta. Se voi siten johtaa lapsenkin väärille teille vihansa ilmaisemisessa tai jopa vihan ilmaisemisesta pidättäytymiseen: Hyvässä erossa lapsi oppii, että viha on hyväksyttävä ja asiaankuuluva tunne, jota voidaan ilmaista ihmissuhteita parantavalla tavalla.

Vihan sopiva ilmaiseminen auttaa luomaan läheisyyttä toisten kanssa. Tunneilmaisu tuo ihmisen lähemmäs toista, ja ilmaisemattomuus puolestaan etäännyttää. Tunteiden tunnistamattomuus ja niiden ilmaisemisen välttäminen on saattanut johtaa monen pariskunnan etääntymiseen ja eroonkin. Viha on myös hyvin hyödyllinen tunne puolensa pitämisen kannalta. Ihminen, joka vetää rajan sille, miten häntä saa kohdella ja miten ei, antaa rehellisen viestin toiselle. Se parantaa parisuhdetta ja muita ihmissuhteita, koska hyväksikäytetyksi tai kiusatuksi tuleminen vähenee.

LAPSEN ITSETUNTO

Lapsen itsetunto laskee vanhempien erossa, mutta se voi kuitenkin jälleen kohota entistä korkeammalle erokriisin työstämisen yhteydessä. Lapsi tarvitsee aitoa myönteistä huomiota saadakseen hyvän itsetunnon. Se ei tarkoita suoritusten kautta kehittynyttä, ansaittua tunnetta vaan tunnetta hyväksytyksi tai rakastetuksi tulemisesta omana itsenään. Lapset voivat saada tämän lahjan vanhemmiltaan, jos nämä ymmärtävät sopeutumiskeinojen merkityksen itselleen ja omien tarpeidensa hyväksymiselle. Se johtaa nimittäin kykyyn kuulla lasta ja hänen tarpeitaan sotkematta niihin omia toiveitaan ja pelkojaan.

Lapsi, joka kokee tulevansa hyväksytyksi omana itsenään ja joka kokee tarpeensa arvokkaiksi, uskaltaa antautua suhteeseen toisten kanssa. Hän uskaltaa myös tuoda kykynsä esille pelkäämättä, että niitä arvostellaan. Se antaa hänelle runsaasti voimavaroja esimerkiksi opiskeluun. Hyvän eron yksi seuraus onkin lapsen koulumenestyksen paraneminen. Lapsesta kehittyy myös toisia kuunteleva ihminen, jonka seurassa on helppo olla ja jonka seuraan hakeudutaan.

ELÄMÄ EI OLE TASAISTA VÄÄNTÖÄ

Eron taustalla on hyvin usein ihmisen kasvukriisi. Ihminen joutuu kasvamaan kasvukipujen ja hankalien itsensä etsimisen vaiheiden kautta. Niistä kuitenkin selviydytään. Lapselle kasvu antaa eväitä ymmärtää tulevaa tai meneillään olevaa nuoruusikää haasteineen. Vanhempien kasvettua elämässään kriisinsä yli he voivat antaa lapselleen lujan seinän, jota vastaan hän kapinoi etsiessään itseään.

Kasvukriisin jälkeen ihminen osaa määritellä entistä paremmin, kuka hän on ja mitä hän haluaa. Se johtaa itseohjautuvaan elämään ja liiallisen mukautumisen vähenemiseen. Toisten mielipiteet eivät silloin ohjaa häntä sokeasti. Hän osaa kyseenalaistaa, mutta myös arvioida realistisesti toimintaansa.

Hyvässä erossa aikuisten silmät avautuvat näkemään itsensä kuuntelemisen tärkeyden. He ovat joutuneet kokemaan elämänhallinnan menetyksen, kun toisen aikuisen tarpeet ovat ottaneet vallan käyttäytymisessä. Suhtautumalla kunnioittavammin omiin ja toisten tarpeisiin he voivat jatkossa välttää epäsuotuisan kehityksen. Se johtaa heidät pohtimaan, mikä elämässä on tärkeää ja mikä ei. Siten he osaavat toimia paremmin arvojensa edellyttämällä tavalla panostaen ihmissuhteisiin ja välttäen liiallisen työkeskeisyyden. Tällä kasvulla on suuri vaikutus lasten elämään ja heidän valintoihinsa.

SUHTEET

Lapset ja nuoret saavat tiedotusvälineistä runsaasti vaikutteita, jotka ohjaavat heidän ajatteluaan ja valintojaan parisuhdeasioissa. Elämän realiteeteista riippumatta nuorille tarjottu kuva on viihteen ja epärealististen mallien kyllästämä. Tarjottu kuva aikuisten parisuhteesta on aivan erilainen kuin heidän kotoaan saamansa kuva. Mikä kuva tai malli sitten on oikea?

Yksi eronneiden saama oppi on, että parisuhdetta pitää hoitaa ja kehittää, jotta se säilyisi ehjänä. Tämän opin he siirtävät parhaimmillaan myös lapsilleen. Lapset voivat ymmärtää elämää enemmän, jos heidän vanhempansa kertovat, miksi he menivät yhteen ja miksi erosivat. He ymmärtävät, että kyse ei olekaan siitä, että pitää löytää juuri oikea kumppani, vaan siitä, että on olemassa hyviä ja huonoja syitä solmia suhde. Vanhempien ero ei johtunutkaan toisen pahuudesta tai huonoudesta, vaan siitä, että he eivät oppineet elämään yhdessä. Ehkä he eivät huomanneet ajoissa, että suhdetta voi hoitaa ja kehittää. Ehkä he keskittyivät liiaksi vääriin asioihin ja ihmissuhteet pääsivät rapistumaan.

Eroperheiden lapset saavat evääkseen runsain mitoin parisuhteen realiteetteja, jotka parhaimmillaan auttavat heitä näkemään avioliiton tai muun sitoutuneen parisuhteen merkityksen itselleen. He voivat olla harkitsevampia kuin muut samassa tilanteessa olevat. Se on vahvuutta, sillä liika sinisilmäisyys eli ”meille ei voi käydä niin” -ajattelu on yllättävän yleistä nuorten parien joukossa. Eron mahdollisuus on kuitenkin olemassa, ja se on otettava huomioon. Kaikki eivät pääse viettämään edes ensimmäistä hääpäiväänsä. Suurten ja kalliiden trendihäiden sivuvaikutuksena häiden jälkeinen masennus on lisääntynyt ja vienyt nuoria pareja epätoivoon ja eroon.

Parhaimmillaan eroperheiden lapset oppivat luomaan kehittyneempiä parisuhteita solmimalla liiton, jossa on tilaa kasvaa ja kehittyä. Sellaisessa liitossa myös ilmaistaan tunteita ja jaetaan myönteistä huomiota, ja elämää rakennetaan yhdessä kummankin toiveiden ja odotusten mukaan. Hyvän eron seurauksena ovatkin siten kestävät parisuhteet eivätkä lisääntyvät erot.

Luku 16

Uusperheen mahdollisuudet

> En tiedä, miten muut ovat tästä uusperhe-elämästä selvinneet, mutta minulle ainakin kolme ensimmäistä vuotta olivat lähes ylivoimaisia. Mieheni lapset eivät tehneet elämääni helpoksi. Nyt näyttää siltä, että me selvisimme ja rakastamme vielä toisiamme.
>
> *Anne*

Uusperhe. Käytän tässä teoksessa sanaa uusperhe, ja sillä tarkoitan kahta aikuista, joilla on luonaan asumassa tai käymässä edellisen suhteen tai suhteiden lapsia. Heillä voi olla myös yhteinen tai yhteisiä lapsia, mutta niin ei tarvitse olla.

HYÖDYNNÄ OPITTUA

Erosi ei mene hukkaan, jos voit muuttaa elämäsi paremmaksi. Toisin sanoen et jatka samalla tavalla kuin ennen eroa, vaan toimit suhteessa itseesi ja toisiin uudella tavalla. Se mahdollistaa myös toimivamman uusperheen. Tilastot antavat uusperheen selviytymisestä turhan synkän kuvan. Meillä on myös tietoa siitä, että ihmiset, jotka ovat työstäneet eronsa kunnolla, ovat tyytyväisiä seuraavaan sitoutuneeseen parisuhteeseensa. Heidän suhteensa kehitys ei siten noudata keskimääräistä trendiä, joka vie uskoa uusperheen mahdollisuuksilta.

Tässä teoksessa on jo tullut esille, mitä erosta voi oppia ja miten luoda kestävämpiä suhteita. On kuitenkin todettava, että elämä tuo uusperheelliselle hyvin monia ja yllättäviä haasteita. Niistä selviytyminen vaatii keskittymistä ja kärsivällisyyttä. Lapset ja heidän käyttäytymisensä vaikuttavat uusperheessä paljon myös parisuhteeseen. Siihen vaikuttaa myös ympäröivän suvun suhtautuminen: hyväksyvätkö he uuden kumppanin vai hyljeksivätkö häntä. Parisuhdetyössäni kohtaan uusperheitä erityisesti edellä mainituissa asioissa.

UUSPERHE JA KASVATUS

Uusperheen aikuiset eivät ole ei-biologisille lapsilleen isä tai äiti. Heidän ei pidä yrittää korvata biologista vanhempaa tai kilpailla tämän kanssa. Poikkeuksena ovat perheet, joiden lapsilla – tai osalla heistä – ei ole mitään kontaktia biologiseen vanhempaansa. Se ei kuitenkaan tarkoita, että toinen uusperheen aikuisista olisi vähemmän tärkeä kasvatuksen ja perhe-elämän toiminnan kannalta. Ne perheet, joissa molemmat aikuiset toimivat kasvattajina, onnistuvat yleensä paremmin kuin ne, joissa toinen jää sivusta seuraajaksi tai joissa toisen kasvatusnäkemyksiä ei hyväksytä.

Asko, 38 v, ja Leena, 42 v, löysivät toisensa melko pian Leenan eron jälkeen. Leenalla oli kaksi murrosikäistä lasta, Askolla ei ollut lapsia aiemmista suhteistaan. Leenan suhde entiseen mieheen oli riitojen sävyttämä, mutta lapset tapasivat isäänsä viikoittain. Asko halusi muodostaa kiinteän perheen Leenan ja lasten kanssa ja osallistui hyvin paljon kasvatukseen ja erityisesti sääntöjen ja rajojen luomiseen. Joskus Leenasta tuntui, että Asko oli liian ankara hänen lapsilleen. Hän arvosti kuitenkin Askon osallistumista ja aktiivisuutta lasten asioissa. Heille syntyi vielä yhteinenkin lapsi, mikä tuntui tasoittavan heidän kasvatuksellisia näkemyserojaan. Nykyään Asko auttaa Leenan lapsia heidän aikuistumisensa tiellä ja heidän välinsä ovat hyvät.

Matti tapasi Tuijan, jolla oli kolme alle kouluikäistä lasta, ja muutti hänen luokseen asumaan. Lapset tapasivat säännöllisesti isäänsä, mutta hänestä ei puhuttu perheessä koskaan myönteiseen sävyyn. Matti ei osallistunut lasten kasvatukseen, koska Tuija ei halunnut hänen apuaan. Tuijan mielestä miehet eivät ymmärtäneet lapsista tai heidän kasvattamisestaan mitään. Matti alkoi arvostella Tuijaa siitä, että hän kiinnitti kaiken huomion lapsiin eikä huomioinut lainkaan parisuhdetta. Tuija syötti ja nukutti lapsia kaiket illat, ja Matti katseli yksin TV:tä. Kumpikaan aikuinen ei ollut tyytyväinen elämäänsä. Lopulta Tuija sanoi, että lapset olivat hänen elämänsä keskipiste eikä Matin kannattanut muuta edes kuvitella. Matti teki siitä omat johtopäätöksensä ja muutti pois kahden yhdessä asutun vuoden jälkeen

Asko ja Leena onnistuivat elämään uusperheenä, mutta Matti ja Tuija eivät. Edellisten onnistui luoda vahva vanhemmuus, joka toimi yhtenäisenä ja lujana suhteessa lapsiin. Se loi turvallisuutta ja selkeytti perheen rakenteita. Vanhempien rajat suhteessa nuorempaan sukupolveen olivat selkeät, eikä kumpikaan aikuinen liittoutunut lasten kanssa toista vastaan. Tämä rajojen selkeys näyttää olevan uusperheille vieläkin tärkeämpi ominaisuus kuin ydinperheille. Hyvin toimivassa perheessä vanhemmat ovat vastuussa lapsistaan. Heillä on siten myös enemmän valtaa perheessä. Perhe tai varsinkaan uusperhe ei voi toimia mies ja ääni -periaatteella, jossa valta siirtyy käytännössä nuoremmalle sukupolvelle.

Matin ja Tuija suhde näytti kaatuvan siihen, että Matti jäi perheessä ulkopuoliseksi. Hän ei voinut kokea itseään tärkeäksi perheenjäseneksi, koska hänelle ei suotu valtaa eikä vastuuta. Vastuun jakautuminen onkin vielä tärkeämpi osa perhe-elämää kuin asioiden tekeminen. Yksin lasten kanssa asunut aikuinen on tottunut vastaamaan lähes kaikesta, varsinkin perheessä, jossa on pieniä lapsia. Molempien aikuisten on saatava omat vastuualueensa perheessä ja kodin asioissa ja oikeus osallistua tasavertaisesti lasten kasvattamiseen. Siten voidaan välttää erilleen ajautuminen, joka uhkaa varsinkin ongelmien kasaantuessa.

VAHVA PARISUHDE

Kalervo erosi vaimostaan, sukunsa pidetyimmästä miniästä, uskottomuuden vuoksi. Sukulaisten oli vaikea hyväksyä Kalervon toimintaa. He pitivätkin eron jälkeen enemmän yhteyttä hänen entiseen vaimoonsa kuin häneen. Anoppi vieraili ex-miniän luona säännöllisesti, mutta ei pitänyt mitään yhteyttä Kalervon uuteen vaimoon, joka oli anopilleen ilmaa. Sukulaisten häihin, rippijuhliin ja ylioppilasjuhliin kutsuttiin vain Kalervo eikä koskaan Niinaa, hänen uutta vaimoaan. Entinen vaimo oli sen sijaan mukana kaikissa juhlissa. Niinasta hänen hyljeksimisensä meni liian pitkälle, ja hän pyysi miestään tekemään asialle jotain. Kalervo ei kuitenkaan osannut. Niina sai tarpeekseen ja haki eroa.

Uusperheen pariskunta joutuu usein lujittamaan rajojaan ulospäin suhteessa sukulaisiin ja entisiin kumppaneihin. Nämä voivat halutessaan lyödä kiilaa pariskunnan väliin ja jopa erottaa heidät, kuten kävi Niinalle ja Kalervolle. Kalervo ei osannut kertoa ehtojaan sukulaisille, ja nämä pääsivät niskan päälle. Oikea tapa parisuhteen kannalta olisi ollut pitää suhteen puolta ja vaatia uudelle vaimolle hänelle kuuluva paikka suvun joukossa.

Sadun uusi mies Timo, joka oli asunut rivitalossa perheineen ennen eroa, halusi Sadun asumaan luokseen lasten tapaamisten helpottamiseksi. Timo ja entinen vaimo, Seija, olivat sopineet vuoroasumisesta, joka edellytti hyvin lähellä asumista. Seija asuikin samassa pihapiirissä ja kävi usein rupattelemassa Timon luona. Sama jatkui Sadun muutettua asuntoon. Se alkoi häiritä Sadun rauhaa, ja hänestä tuntui jopa, että Seija halusi tarkoituksella häiritä heidän uutta parisuhdettaan. Timo ei ymmärtänyt aluksi Sadun kritiikkiä, mutta muutti vähitellen mielensä, kun huomasi Seijan ilmestyvän kyläilemään silloinkin, kun Satu ja Timo tapasivat yhteisiä ystäviään. Siitä alkoi Seijan porttikielto ja uusperheen vahvistuminen.

YHTEENVETO: UUSPERHEKIN VOI ONNISTUA

- Työstä erosi kunnolla, jotta voit luoda toimivampia suhteita eron jälkeen.
- Älä kiirehdi sitoutumaan uuteen suhteeseen. Anna itsellesi aikaa sopeutua.
- Älä kuvittele, että uusi kumppanisi tekee sinut onnelliseksi. Olet itse vastuussa onnestasi.
- Ole avoin ja rehellinen, vaikka se olisi pelottavaakin.

- Ilmaise vihasi mahdollisimman rakentavasti.
- Pyri tasavertaiseen kahden aikuisen parisuhteeseen ja ota ja anna vastuuta.
- Osallistu lasten elämään ja kasvatukseen pyrkimättä olemaan biologisen vanhemman korvike.
- Älä liittoudu sukulaisten kanssa puolisoasi vastaan vaan pidä hänen puoliaan.
- Säilytä aikuisuutesi lasten edessä. Kuuntele heitä, mutta älä yritä olla kaveri.
- Kannusta kumppaniasi joka päivä.

Kirjallisuutta

Alberti, R. & Emmons, M.: Miten opin pitämään puoleni. Keuruu 2001, Kehityksen Avaimet.

Buchert, M. & Kiianmaa, K. & Uljas, T.: Revitty sydän. Voiko uskottomuudesta toipua? Jyväskylä 2007, Minerva.

De Villers, Linda: Miten tulla paremmaksi rakastajaksi? Vaajakoski 2006, Kehityksen Avaimet.

Fisher, Bruce: Jälleenrakennus, kun suhteesi päättyy. Keuruu 2004, Kehityksen Avaimet.

Kiianmaa, Kari: Sata neuvoa ja vinkkiä eronneille. Jyväskylä 2004, Kehityksen Avaimet.

Kiianmaa, Kari: Huomenna on paremmin. Selviytymisopas lapsille, kun vanhemmat eroavat. Jyväskylä 2006, Kehityksen Avaimet.

Kiianmaa, Kari: Kyllä me löydämme tien. Jälleenrakennus lapsille eron jälkeen. Jyväskylä 2003, Kehityksen Avaimet.

Kiianmaa, Kari: Rakentava valinta. Toimivan parisuhteen puolesta. Tampere 2005, Kehityksen Avaimet. (Teokseen on saatavilla myös työkirja.)

Wallerstein Judith, S & Lewis, Julia & Blakeslee, Sandra: Avioeron perintö – eron lapset aikuisina. Keuruu 2007, Otava.

Wallerstein, Judith S. ja Blakeslee, Sandra: Avioeron jälkeen. Keuruu 1991, Otava.